Frank Feldman
Schätzen Sie sich richtig ein?

Frank Feldman

Schätzen Sie sich richtig ein?

Selbsterkenntnis mit Psycho-Tests

mvg verlag

CIP-Kurztitelaufnahme der Deutschen Bibliothek

Feldman, Frank:
Schätzen Sie sich richtig ein? : Selbsterkenntnis
mit Psycho-Tests / Frank Feldman. –
Landsberg am Lech : mvg-Verlag, 1987. –
(mvg-Paperbacks ; 323)
ISBN 3-478-03230-X
NE: GT

8910 Landsberg am Lech
Umschlaggestaltung: Gruber & König, Augsburg
Satz: Buck, Kumhausen
Druck und Bindearbeiten: Presse-Druck Augsburg
Printed in Germany 030 230/1087802
ISBN 3-478-03230-X

Inhalt

Vorwort

Was läßt uns beim abendlich entspannenden Durchblättern einer Zeitschrift den rasant aufgemachten Bildteil so oft eher überfliegen, an Problemstellungen wie den im vorliegenden Band gesammelten hingegen regelmäßig »hängenbleiben«? Was veranlaßt uns, Fragen wie ›Sind Sie abergläubisch?‹ oder ›Sind Sie ein reizbarer (romantischer, sparsamer, Frauen- . . .) Typ?‹ nicht mit einem schlichten »Ja« oder »Nein« zu beantworten und es dabei bewenden zu lassen? Statt dessen finden wir Vergnügen daran, uns mit Feuereifer auf das Ankreuzen ganzer »Batterien« von Wahlmöglichkeiten zu stürzen.

Es ist die Form des Tests, die einen ganz eigentümlichen Reiz auf uns auszuüben scheint. Was Psychologen mit ihrem gesammelten Wissen unter Zuhilfenahme statistischer und experimenteller Methoden mühsam entwickelten, um besser gesicherte Erkenntnisse über menschliches Verhalten zu gewinnen, hat längst weite Verbreitung gefunden, auch in Bereichen, die der ursprünglichen Zielsetzung auf den ersten Blick nur mehr lose verbunden sind. Den Menschen unserer Tage begleitet ganz selbstverständlich von der Wiege bis zur Bahre das Getestet-Werden: Beinahe jede Institution, die er durchlaufen muß, fragt ihn ein gehöriges Quantum ab: Ein Schulreife-Test bestimmt, ab wann er lernen soll, was er fürs Leben braucht; die Prüfung seiner Intelligenz stuft ihn ein zum Weiterlernen-Dürfen (-Müssen?); Eltern lassen den unentschiedenen Sprößling die Berufsausbildung vermittels zahlloser Varianten von Eignungstests zuordnen; vor einem gut bezahlten Job erhebt sich drohend die Frage: »War ich ruhig genug zum überlegten Wählen zwischen so vielen Antwortmöglichkeiten, habe ich schnell genug angekreuzt?«

Packt den solchermaßen arg Gestreßten einmal »des Daseins ganzer Jammer an«, lotet der Psychologe wiederum über Tests das Ausmaß seiner Angst aus, die Intensität seiner Niedergeschlagenheit, um ihm die rechte Hilfe zum Erwerb neuen Lebensmutes angedeihen zu lassen.

Ist demnach vielleicht lebenslange Gewöhnung der Grund dafür, daß wir wie süchtig unverzüglich nach dem Stift langen, um ganz freiwillig den amüsant verschlungenen Pfaden zu folgen, an deren Ende Belohnung winkt in Gestalt einer liebenswürdig formulierten Auskunft darüber, welcher »Schmuck-Typ« wir sind, ob wir auf unsere »Wirkung auf das andere Geschlecht« bauen können oder eher nicht?

Eines spricht dafür: Nicht allein die Leistungsforderung spornt uns an, im »Testfall« unser Bestes zu geben. Immer auch ist Neugier dabei, wie sie allen Menschen innewohnt. Ich will stets von neuem erfahren, was in mir steckt, will damit Grenzen ausweiten, vielleicht tief Verborgenes aufspüren. Von daher bin ich eher geneigt, der Aufsummierung meiner Bemühungen, in welcher Form auch immer das geschieht, zu trauen. Wir sind daran gewöhnt, ermittelten, errechneten Ergebnissen zu glauben. Zwar ist nicht für jeden von uns gleich die unumstößliche Wahrheit in der Interpretation einer Punkteanzahl enthalten; daß ein Quentchen davon aber doch zutreffen könnte – dieser Verlockung kann sich auch der Skeptiker kaum entziehen.

Und auch dieses noch: Der oft niederschmetternde Urteilscharakter, wenn man von anderen, Fremden, getestet wird, dieses drohende »Gemäß einer Punktzahl von . . . bist Du . . .« – in unserem Falle kommt er nicht zur Geltung. Hier bietet sich eine Möglichkeit der spielerischen Beschäftigung mit uns selbst in der Form des Tests. Wir haben die freie Wahl: der Neugier ihren Lauf lassen, Geschmack finden an gefahrenfreier Erkundung eines überschaubaren, weil eng umgrenzten Bereiches unserer Persönlichkeit – vielleicht liegt eben hierin der besondere Reiz der Angebote, wie sie interessierten Lesern im folgenden dargeboten werden.

Psychologen verweisen gern – und mit gutem Grund – auf die bedeutende Rolle, die die spielerische Erprobung von Verhaltensweisen bei sich selbst und gegenüber anderen für eine gesunde Entwicklung in der Welt des Kindes, auch noch heranwachsender Jugendlicher, spielt. Kindern, welchen hierzu nicht in ausreichendem Maße Möglichkeiten geboten werden, kann nämlich aus solchem Mangel ein spürbares Defizit für die spätere Beziehung zu ihren Mitmenschen entstehen.

Was sollte wohl dagegen sprechen, daß auch wir Erwachsenen gelegentlich unserem Drang zum Spielen nachgeben dürfen? Im Spiel ist vielerlei enthalten, dessen wir zum Ausgleich um so mehr bedürfen, je aufreibender sich unsere tägliche Arbeitsexistenz gestaltet. Zu solchem Ausgleich kann das vorliegende Buch durchaus vielfältige Anregung bieten. Und läßt der Inhalt unseres »Erholungs-Tests« gar darüber hinaus die – durchaus berechtigte – Hoffnung offen, mit seiner Hilfe einen vielleicht interessanten, möglicherweise uns wirklich wichtigen, oder aber einen schlichtweg erheiternden Aspekt unseres Selbst zu erhellen – um so erfreulicher! Der Griff zum Stift verhilft uns so (beinahe) jedes Mal zu einer spannend-entspannenden halben Stunde.

Wiltrud Wetzel
Diplom-Psychologin

1. Kennen Sie Ihr wahres Ich?

Dieser Test kann Ihnen erstaunliche Erkenntnisse über Sie selbst vermitteln und Sie veranlassen, Ihren Lebensstil zu ändern:

1. Welche dieser Bezeichnungen trifft am besten auf Sie zu?
   a) ein Mensch, der sich führen läßt
   b) ein Naturtalent einer Führungspersönlichkeit
   c) ein Massenmensch
2. Wie sehen Sie sich als Kind?
   a) Als Träumer und Einzelgänger
   b) ganz natürlich, mit Freude an Spiel, Sport und kleinen Späßen
   c) als kleiner Angeber
3. Was bereitet Ihnen die größte Befriedigung?
   a) über Geschehnisse und Dinge zu lesen
   b) selbst etwas zu unternehmen
   c) andere Leute bei Erlebnissen zu beobachten
4. Was, glauben Sie, führt zu dauerhaftem Glück?
   a) früh im Leben seine eigenen Grenzen zu erkennen
   b) die Arbeit zu tun, die man am liebsten tun möchte
   c) viele Freunde zu haben
5. Welche dieser folgenden Fragen möchten Sie am liebsten in der Öffentlichkeit nicht beantworten?
   a) Was genau haben Sie bisher im Leben erreicht?
   b) Welches sind Ihre größten Enttäuschungen?
   c) Haben Sie ein geheimes Laster?
6. Welche dieser »Todsünden« treffen auf Sie am ehesten zu?
   a) Neid
   b) Faulheit
   c) Stolz
7. Finden Sie es leicht, an den kleinen Freuden des Lebens Zufriedenheit zu finden – etwa eine gute Mahlzeit, ein er-

quickender Spaziergang, Vogelgesang, Kindern beim Spiel zuzusehen?

a) nicht wirklich

b) ja, fast immer

c) nur, wenn sie entspannend sind

8. Wie oft am Tag denken Sie darüber nach, was wer wohl über Sie nachdenkt, Ihre Handlungen, Ihr Äußeres?

a) häufig

b) vielleicht einmal

c) gar nicht

9. Was möchten Sie am liebsten sein?

a) Erfolgsmensch in einer bestimmten Sportart oder auf einem bestimmten Arbeitsgebiet

b) jemand, der wegen seiner Wohltaten bekannt ist

c) ein unentbehrlicher Teil eines anderen Menschen – Ehepartner, Kind, Verwandter, Sozialarbeiter, Freund

10. Was würden Sie als Lebensziel wählen?

a) einfach glücklich zu sein

b) an allem Lebensfreude haben und 100%ig das Leben auszukosten

c) geliebt zu werden

Punkteverteilung:

1. a – 7 , b – 9 , c – 5	6. a – 4 , b – 2 , c – 3
2. a – 8 , b – 15 , c – 6	7. a – 6 , b – 15 , c – 10
3. a – 4 , b – 12 , c – 6	8. a – 5 , b – 9 , c – 12
4. a – 14 , b – 12 , c – 10	9. a – 12 , b – 14 , c – 10
5. a – 9 , b – 10 , c – 3	10. a – 9 , b – 15 , c – 8

Testauswertung:

120 Punkte: Sie sind anscheinend ein Mensch, der die Lebenskunst vollauf beherrscht – oder? Bei dieser Punktezahl müßten Sie eigentlich perfekt sein. Gibt es so etwas? Vielleicht waren Sie aus dem einen oder anderen Grund nicht ganz ehrlich mit sich selbst. Versuchen Sie es nochmal! Dann kommen Sie wahrscheinlich eher auf den Weg der richtigen Selbstanalyse, die Ihnen zeigt, warum Sie eigentlich Spitze sein müßten.

110 – 119 Punkte: Sie sind wirklich ein glücklicher, zufriedener, ausgeglichener Mensch, tolerant gegenüber Ihren eigenen Fehlern und denen anderer; selbstsicher, dauerhaft – und dennoch angenehm menschlich. Sie greifen nach den Sternen, sind aber auch mitunter mit einer weißen Wolke am blauen Himmel zufrieden. Sie wollen das Beste vom Leben, aber ohne andere zu verletzen, und sind daher auch zufrieden mit etwas weniger.

100 – 109 Punkte: Eine Spur Selbstzweifel nagt an Ihrer Lebensfreude, Ihren Möglichkeiten, Herausforderungen und Erfolgen. Das ist bedauerlich, denn Sie haben eine überdurchschnittliche Fähigkeit, das Leben anzupacken und sind voller Schwung und Unternehmungslust. Sie sollten nach der Ursache forschen, warum Sie manchmal das Selbstvertrauen vermissen lassen, das Sie benötigen. Frauen unterschätzen sich selbst oft, aber Sie haben es gar nicht nötig.

80 – 99 Punkte: Hin und wieder erreichen Sie ein Gefühl der Ausgeglichen- und Zufriedenheit, was für Sie schon viel ist. Nicht jeder kann immer oben sein, aber Ihr Platz liegt ohne Zweifel in etwas höheren Regionen, und da gehören Sie auch hin. Andererseits haben Sie keinerlei Illusionen über Ihre Fähigkeiten und Ausstrahlungskraft.

50 – 79 Punkte: Sie könnten mehr Freude am Leben haben, wenn Sie Ihre tiefliegenden Ängste, Unsicherheiten, Ihren Neid auf andere, erfolgreichere Menschen überwinden würden. Lassen Sie sich nicht das Leben verderben, sie sind es nicht wert.

Unter 50 Punkte: Sind Sie nicht etwas zu hart mit sich? Versuchen Sie es nochmal in einer besseren Stimmung.

2. Haben Sie Führungsqualitäten?

Vielleicht sind Sie bereits in einer Führungsposition. Vielleicht werden Sie es bald sein.

Der Test zeigt Ihnen jedenfalls, inwieweit eine entsprechende Eignung vorhanden ist, oder wo Sie vielleicht noch einen kleinen Hebel ansetzen müssen, um dem relativen Grad einer Vollkommenheit näherzurücken.

Sie haben jeweils drei Möglichkeiten, eine Entscheidung zu treffen. Notieren Sie die entsprechenden Punkte:

1. Sie sind in eine außergewöhnliche Situation geraten: Mit einer Gruppe von zehn fragwürdigen Gesellen stecken Sie in unwegsamer Gegend fest. Über einem reißenden Fluß ist die primitive Brücke eingestürzt. Als einziger erkennen Sie die Möglichkeit, die Brücke zu reparieren. Das verschafft Ihnen zwar etwas Anerkennung, aber Ihre Befehle auszuführen, daran denken die rauhen Burschen nicht. Sie müssen also einen Vormann finden, der sich für Sie durchzusetzen vermag. Drei Männer bieten sich Ihnen dafür an, a), b) und c):

   a) ist ein entsprungener Sträfling und genießt bei den anderen größtes Ansehen. *2 Punkte*

   b) steht mit vier anderen in verwandtschaftlichen Beziehungen und ist fraglos der Intelligenteste der Gruppe. *6 Punkte*

   c) ist der Brutalste der Gruppe, ihn fürchten alle. *7 Punkte*

2. Sie werden vom Chef Ihres Unternehmens um einen Verbesserungsvorschlag für eine bestimmte Projektgruppe ersucht. Sie arbeiten einen aus und erfahren dann, daß ein bisher kaum in Erscheinung getretener Mann der betreffenden Gruppe auch einen hat. Sie erkennen, daß er besser ist als Ihr eigener.

   a) Sie versuchen, Ihren und den anderen Vorschlag zu kombinieren. *5 Punkte*

   b) Sie akzeptieren den anderen Vorschlag kommentarlos. *4 Punkte*

c) Sie schlagen dem Chef vor, den anderen Vorschlag zu akzeptieren und den Mann zu belohnen. *6 Punkte*

3. Ein Ihnen Vorgesetzter gibt einem Ihnen unterstellten Mitarbeiter eine Anweisung, die fraglos in einen Mißerfolg münden muß.
   a) Geben Sie eine andere Order, die dann zum Erfolg führt, und sagen Sie Ihrem Vorgesetzten einfach, daß nach seiner Anweisung gehandelt wurde? *6 Punkte*
   b) Lassen Sie die Anweisung Ihres Vorgesetzten einfach ausführen und erklären ihm dann, warum es ein Mißerfolg werden mußte? *3 Punkte*
   c) Versuchen Sie, Ihren Vorgesetzten von der Unzweckmäßigkeit des Auftrages zu überzeugen? *4 Punkte*

4. Um den richtigen Mann für einen neu zu besetzenden, verantwortungsvollen Posten zu finden, stellen Sie drei Mitarbeitern eine schwierige und völlig überflüssige Aufgabe, ohne jedoch den Grund zu verraten. Welchen Mann wählen Sie aus, a), b) oder c)?
   a) erledigt die Aufgabe in einer Anzahl von Überstunden selbst. *4 Punkte*
   b) bittet Sie um eine Hilfskraft, um sich selbst auf das Wesentliche konzentrieren zu können. *6 Punkte*
   c) bittet Sie, ihm Zeit zu lassen, da die Aufgabe kaum von Wichtigkeit ist und er jetzt wichtigere Dinge zurückstellen müßte. *8 Punkte*

5. Ein Unternehmen sucht eine Persönlichkeit zur Repräsentation. Fachkenntnisse sind nicht erforderlich, dafür gute gesellschaftliche Beziehungen und entsprechendes Auftreten. Welcher von den drei Gründen wäre für Sie ausschlaggebend abzulehnen?
   a) Sie wollen nicht als »Frackständer« fungieren. *2 Punkte*
   b) Sie fürchten um den Kontakt mit den Mitarbeitern. *8 Punkte*
   c) In dieser Position gibt es keinen Aufstieg mehr. *4 Punkte*

Testergebnis:

15 – 20 Punkte: Legen Sie eigentlich Wert darauf, Führungsqualitäten zu besitzen? Wie ja die Erfahrung lehrt, kann man auch ganz gut vorankommen, ohne »immer voran zu sein«. Dabei sind Sie durchaus der Typ, der sich nicht davor scheut, Verantwortung zu tragen. Aber das Drumherum ist Ihnen einfach zu »lärmend«, ja manchmal kommt es Ihnen geradezu albern vor. Eine anerkennenswerte Leistung erkennen Sie eher darin, still zu schaffen und im Hintergrund ohne Aufsehen Leistungen zu vollbringen.

21 – 26 Punkte: Ihre Führungsqualitäten bestreitet wohl kaum jemand. Sie würden auch niemandem die Gelegenheit dazu einräumen, denn selbst wenn Ihnen ein Schnitzer unterläuft, haben Sie ja die Fähigkeit, die Folgen als Erfolg zu deklarieren. »Der Alte ist ein Genie«, schmunzelt dann wohl mancher abseits, wird sich aber hüten, eine Diskussion mit Ihnen vom Zaun zu brechen. Und das ist fraglos eine Art von Anerkennung der Führungspersönlichkeit. Ein kritisches Stadium könnte eintreten, wenn Sie einmal gezwungen wären, ganz von vorne anzufangen, gewissermaßen ohne sich mit den bisher errungenen Lorbeeren zu legitimieren. Sich mit dieser Überlegung einmal auseinanderzusetzen, würde fraglos dazu beitragen, Ihre Führungsqualitäten in eine höhere Stufe einzuordnen.

27 – 30 Punkte: Ihre Führungsqualitäten sind unbestritten. Daß diese aber in Ihrer Umgebung nicht immer die rechte Würdigung erfahren, liegt einfach an dem Umstand, daß Sie nicht immer die richtigen Worte finden, um sich verständlich zu machen. Früher als andere durchschauen Sie eine Situation und können auch aus dieser zu erwartende Folgen absehen. Sie treffen dann immer richtige Entscheidungen, die von anderen aber nicht gleich begriffen werden. Dank Ihrer Persönlichkeit akzeptiert man diese Entscheidungen. Sie sollten sich aber vielleicht doch bemühen, die von Ihnen erkannten Zusammenhänge zu erklären, Sie werden sehen, wie schnell man Sie dann als Führungspersönlichkeit anerkennen wird, ohne Vorbehalte im Hintergrund zu halten.

31 – 35 Punkte: Wo immer man Sie auch hinsteckt, Sie werden bald »alle Fäden in der Hand« haben, selbst wenn Sie von der Materie Ihres Tätigkeitsbereiches nur äußerst beschränkt Kenntnis haben. Sie sind sozusagen die geborene Führungspersönlichkeit. Daß dies nicht immer bequem ist, haben Sie sicher schon erfahren müssen. Das darf Ihnen aber nichts ausmachen, wenn Sie Ihren Nimbus nicht einbüßen wollen.

3. Wären Sie ein guter Manager?

Für manche ein Traumberuf – für andere ein Alptraum. Und für Sie? Wie würden Sie sich bewähren im Kampf mit Terminen, Fahr- und Flugplänen, nervösen Partnern, überarbeiteten Sekretärinnen und anderen in unserer hektischen Zeit erfundenen Faktoren?

1. Wenn Sie von vorne beginnen müßten, würden Sie alles daransetzen, Ihren jetzigen Beruf wieder ausüben zu können?
   ja: *3 Punkte* nein: *4 Punkte*
2. Beneiden Sie Leute, die mehrere Wohnsitze haben?
   ja: *4 Punkte* nein: *1 Punkt*
3. Können Sie die Speisefolge vom letzten Sonntag verläßlich aufzählen?
   ja: *5 Punkte* nein: *3 Punkte*
4. Glauben Sie, daß Sie innerhalb von 24 Stunden alles regeln könnten, um eine Überseereise anzutreten?
   ja: *2 Punkte* nein: *4 Punkte*
5. Wo spielten Sie als Kind lieber?
   im Haus: *3 Punkte* im Freien: *4 Punkte*
6. Halten Sie Denkaufgaben für
   Zeitvertreib: *1 Punkt* Gehirntraining: *4 Punkte*

7. Schließen Sie gerne neue Freundschaften?
ja: *2 Punkte* nein: *6 Punkte*

8. Können Sie, ohne lange zu überlegen, die Namen jener Mitschüler nennen, die während der Schulzeit neben Ihnen saßen?
ja: *5 Punkte* nein: *1 Punkt*

Testergebnis:

16 – 20 Punkte: Da Sie sich noch nie für einen großen Manager gehalten haben, sind Sie sicher nicht enttäuscht, wenn der Test dies vollinhaltlich bestätigt. Neben anderen beachtenswerten Eigenschaften haben Sie vor allem auch diese: Sie sind absolut ehrlich gegen sich selbst, etwas, das einem Manager mitunter sogar hinderlich sein kann.

21 – 24 Punkte: Beschränken Sie sich auch weiterhin darauf, im Kleinen zu organisieren. Als Amateur-Manager ernteten Sie ja schon verschiedentlich Anerkennung und Beachtung. Auf hohe Ebenen des Management wagen Sie sich besser nicht vor, Sie könnten leicht die Übersicht verlieren.

25 – 29 Punkte: Zweifellos haben Sie Fähigkeiten für den Manager-Beruf, trotz des sich manchmal abzeichnenden Hanges zur häuslichen Bequemlichkeit. Ihre Ausdauer könnte das wettmachen. Ihre Begabung, selbst verwickelte Situationen klar zu überschauen, könnte allerdings manchmal durch intuitive Temperamentsausbrüche geschmälert werden.

30 – 36 Punkte: Falls Sie nicht schon ein Manager sind, hätten Sie größte Begabung für diesen Job. Bei Ihrer jetzigen Tätigkeit werden Ihnen die »einschlägigen« Fähigkeiten sicherlich sehr von Nutzen sein, was sich ja schon des öfteren gezeigt hat.

4. Haben Sie Talent zum »Traumchef«?

Den »Traumchef« für alle kann es natürlich nicht geben. Aber mancher hat das Talent, viele zu überzeugen, daß er einer ist.

1. Sie sind in einer Abteilung von 12 Mitarbeitern. Es geht nun darum, ob ein bestimmter Tag (etwa zwischen zwei Feiertagen) hereingearbeitet oder ob an diesem Tag normaler Dienst gemacht werden soll. Die Hälfte der Angestellten ist für Einarbeiten. Welche Entscheidung des Chefs würde Ihnen am wenigsten gefallen?
   a) Frei für alle, pro Woche eine Stunde einarbeiten. *5 Punkte*
   b) Wer einarbeiten will, hat frei, die anderen machen normalen Dienst. *15 Punkte*
   c) Diesmal wird eingearbeitet, bei der nächsten Gelegenheit wird normal Dienst gemacht. *10 Punkte*
2. Für einen in Pension gehenden Kollegen wird ein Geschenk gekauft. Wie soll es finanziert werden?
   a) Die Belegschaft sammelt, der Chef verdoppelt dann den Betrag. *15 Punkte*
   b) Der Chef stellt einen Betrag zur Verfügung, die Belegschaft verdoppelt ihn durch Sammeln. *5 Punkte*
   c) Es wird unter allen gesammelt und für den Betrag wird dann etwas Passendes gekauft. *10 Punkte*
3. Ihr junger Chef bemüht sich um eine soeben eingestellte Mitarbeiterin. Das Mädchen schenkt seine Gunst aber Ihnen. Erwarten Sie, daß der Chef
   a) zur Hochzeit kommt? *15 Punkte*
   b) ein Hochzeitsgeschenk schickt? *10 Punkte*
   c) überhaupt nicht reagiert? *5 Punkte*
4. Kurz vor Arbeitsschluß legt Ihnen der Chef einen Brief auf den Tisch, der von Ihnen – und zwar gleich am nächsten Morgen – beantwortet werden muß. Nun haben Sie aber mit dem Chef vereinbart, daß Sie am nächsten Tag etwas später kommen.

a) Erledigen Sie die Arbeit sofort, ohne Rücksicht auf den baldigen Arbeitsschluß? *15 Punkte*
b) Erledigen Sie die Arbeit am nächsten Tag, sobald Sie ins Büro kommen? *10 Punkte*
c) Erinnern Sie den Chef daran, daß Sie doch morgen später kommen? *5 Punkte*

5. Ein Kollege hat das Pech, ausgerechnet immer dann zu spät zu kommen, wenn ausnahmsweise einmal der Chef schon da ist. Welche von seinen Antworten würde Ihnen am besten gefallen, wenn er einmal zur Rede gestellt würde?
a) Ich komme immer pünktlich, nur sind Sie dann leider nie da. *15 Punkte*
b) Ich bringe die wenigen Minuten meiner Verspätung durch intensiveres Arbeiten ein. *5 Punkte*
c) Ich habe eine gute Ausrede, wollen Sie sie hören? *10 Punkte*

Testergebnis:

25 – 40 Punkte: Gegen die Bezeichnung »Traumchef« hätte man bei Ihnen eine Menge einzuwenden, würde Sie aber andererseits gegen nichts in der Welt für einen sogenannten »besseren« eintauschen wollen. Sie verstehen es, auch in gehobener Position unauffällig zu bleiben und kehren niemals den Chef hervor, was Sie besonders bei den jüngeren und ebenso bei den weiblichen Mitarbeitern beliebt macht. Männliche Mitarbeiter beneiden Sie mitunter um Ihre Fähigkeit, sich durchzusetzen.

41 – 55 Punkte: Ihr Talent zum Traumchef ist beachtlich. Sie verstehen es, das Gefühl zu vermitteln, für jeden da zu sein und keinen im Stich zu lassen, selbst wenn er sich einmal nicht ganz korrekt Ihnen gegenüber verhalten hat. – Sie sind nicht nachtragend. Was man Ihnen verübelt, ist, daß Sie den Wert einer Arbeit nicht nach deren Schwierigkeiten, sondern nach der Wichtigkeit beurteilen – was ja an sich nicht falsch ist, aber von dem, der sie erledigen muß, von einer anderen Warte aus betrachtet wird.

56 – 65 Punkte: Für viele sind Sie ein idealer Chef. Als Traumchef bezeichnen Sie aber nur solche, die auf persönlichen Kontakt am Arbeitsplatz keinen gesteigerten Wert legen. Ihre sachliche Art, an eine Arbeit heranzugehen, verschafft Ihnen vor allem bei älteren Mitarbeitern Beliebtheit, jüngere fühlen sich aber immer etwas zu sehr belehrt. Nach Geschlechtern geteilt, werden Sie auch viel eher von den männlichen Mitarbeitern geschätzt, wohl weil Sie die Eitelkeit als Fakt zu wenig beachten.

66 – 75 Punkte: Wahrscheinlich vermuten Sie es gar nicht, aber Sie sind tatsächlich der Typ eines Traumchefs. Obwohl Sie mit Ernst und Gewissenhaftigkeit an die gemeinsame Arbeit herangehen, verstehen Sie es doch, den Eindruck zu vermitteln, daß nichts auf der Welt so wichtig ist wie die persönliche Welt des Einzelnen. Die Arbeit dient nur dazu, diese zu festigen. Freilich müssen Sie immer gewissenhafte Leute um sich haben, andere könnten sehr leicht Ihre Art als Oberflächlichkeit taxieren und dann leicht dazu neigen, dem »Schlendrian« zu verfallen.

5. Werden Sie als Vorgesetzter eher geschätzt oder respektiert?

Beides zusammen ergibt das Idealbild eines Chefs. In der Praxis muß wohl aber eines überwiegen.

1. Ein Chef ist dafür bekannt, daß er, sobald er das Büro betritt, nach einem Glas Wasser verlangt. Als eine neue Angestellte davon erfuhr, brachte sie das Wasser, noch ehe er darum bat. Was meinen Sie, sagte er dazu?
   a) Sind Sie auch immer so durstig wie ich?
   b) Wer hat Ihnen den Auftrag gegeben?
   c) Heute hätte ich das beinahe vergessen. Danke!

2. Ein Abteilungsleiter hat einen Assistenten, der ihn an Körpergröße weit überragt. Darüber werden dauernd Witze gemacht. Über welchen würden Sie sich am meisten ärgern?
   a) Jetzt ist endlich jemand da, zu dem er aufblicken muß.
   b) Das ist einmal einer, den er nicht bei den Ohren ziehen kann.
   c) Zusammen sind sie doppelt so lächerlich wie einer allein.
3. Als Sie an Ihrem Geburtstag Ihr Büro betreten, steht auf dem Schreibtisch eine Torte mit der verschnörkelten Aufschrift: »Endlich wieder ein Jahr näher zur Pensionierung«. Könnten Sie sich sofort denken, wer sich das ausgedacht hat?
   a) ja
   b) nein
   c) nicht ganz sicher
4. Ihre Sekretärin hat sich aus eigener Schuld bei einem wichtigen Termin verspätet. Glauben Sie, daß sie es Ihnen offen eingesteht?
   a) ja
   b) nein
   c) ich weiß nicht
5. Welche Eigenschaften schätzen Sie bei einem Mitarbeiter am höchsten?
   a) Verläßlichkeit
   b) Fleiß
   c) Einsatzfreudigkeit

Punkteverteilung:

1. a – 2, b – 7, c – 5
2. a – 2, b – 5, c – 7
3. a – 2, b – 7, c – 5
4. a – 2, b – 7, c – 5
5. a – 2, b – 7, c – 5

Testergebnis:

10 – 18 Punkte: Sie bringen anderen großes Verständnis entgegen und werden darum auch sehr geschätzt. Daß man Sie auch respektiert, ist nur eine Folge daraus. Da Sie eine glückliche Hand in der Wahl Ihrer Mitarbeiter haben, besteht keine Gefahr, daß man Sie ausnutzt. Sollte es aber einer versuchen, wird er bestimmt von anderen zur Ordnung gerufen.

19 – 23 Punkte: Man respektiert Sie, aber wohl nur deshalb, weil Sie der Chef sind. Vielmehr als Respekt bringt man Ihnen Wertschätzung entgegen. Und darauf können Sie sich etwas einbilden! Auch wenn Sie eines Tages nicht mehr der Chef wären, würde man treu zu Ihnen halten, und manch einer würde vielleicht sogar eine Sprosse der eigenen Karriereleiter opfern, nur um mit Ihnen im Team bleiben zu können.

24 – 29 Punkte: Sie werden ebenso respektiert wie geschätzt. Das teilt sich bei allen Ihren Mitarbeitern gleichermaßen auf. Es ist kaum einer da, der Sie entweder mehr schätzen oder mehr respektieren würde. Vielleicht liegt das an Ihrer manchmal etwas unpersönlichen Art, mit Untergebenen umzugehen, ihnen aber gleichzeitig das Gefühl einer Geborgenheit zu geben. Im großen und ganzen kommen Sie also dem Idealbild eines Chefs sehr nahe.

30 – 35 Punkte: Sie haben eine Mauer um sich errichtet und geben daher kaum jemandem die Möglichkeit, Sie so gut kennenzulernen, um Ihren ganz persönlichen Wert schätzen zu können. Daher werden Sie »nur« respektiert. Das hat natürlich neben anderen auch den Vorteil, daß Sie niemals mit persönlichen Angelegenheiten Ihrer Mitarbeiter belästigt werden.

6. Sind Sie der Typ für den zweiten Platz?

Sie sind genauso tüchtig, genauso gewissenhaft und haben genauso gute Eigenschaften wie andere. Vielleicht übertreffen Sie manchen sogar. Und trotzdem: Sie werden das Gefühl nicht los, daß Ihnen manchmal der Rang abgelaufen wird. Wieso?

1. In Ihrem Beisein wird ein anderer für eine Leistung gelobt, die Sie erbracht haben. Wie, erwarten Sie, wird sich der andere verhalten?
   a) Er wird das Lob sofort von sich weisen.
   b) Er wird gar nicht begreifen, daß nicht er es ist, der die Leistung erbracht hat.
   c) Er wird auf den wahren Sachverhalt verweisen.
   d) Er wird sich nachher über den Irrtum amüsieren.
   e) Er wird gar keinen Kommentar abgeben.
2. Jeder möchte manchmal am liebsten alles hinschmeißen. Wenn es Ihnen so geht, was könnte am ehesten bewirken, daß sich Ihre Stimmung schlagartig verbessert?
   a) ein beachtlicher Lottogewinn
   b) die Aussicht, ein Jahr lang auf unbezahlten Urlaub zu gehen
   c) gar nichts
   d) eine berufliche Besserstellung
   e) eine Eroberung beim anderen Geschlecht
3. Sie haben Krach mit Ihrem Partner. Was ärgert Sie dabei am meisten?
   a) daß Sie immer nachgeben sollen
   b) daß der Partner jedes Ihrer Worte auf die Waagschale legt
   c) daß es im Grunde um gar nichts Wichtiges geht
   d) daß Sie sich hinreißen ließen
   e) daß der Partner sein Unrecht einsieht

4. Wann ist es Ihnen am unangenehmsten, gestört zu werden?
a) bei der Arbeit
b) bei einer Freizeitbeschäftigung
c) bei einem fröhlichen Beisammensein mit Freunden
d) bei einer interessanten Lektüre
e) bei einem Fernsehkrimi

5. Was, finden Sie, ist an der Jugendzeit das Schönste?
a) die Ungebundenheit
b) keine Pflichten zu haben
c) die unbeschwerte Naivität
d) die erste Liebe
e) die Sorglosigkeit

6. Worüber würden Sie sich als Anerkennung für eine Leistung am meisten freuen?
a) finanzielle Zuwendung
b) Auszeichnung, Ehrung
c) berufliche Beförderung
d) weiß ich nicht so recht
e) eine wertvolle Ehrengabe

7. Was, glauben Sie, ist die wichtigste Voraussetzung, um eine außergewöhnliche Karriere zu machen?
a) Fleiß und Ausdauer
b) Können
c) Beziehungen anknüpfen
d) Glück
e) Begabung

8. Sie lesen in der Zeitung, daß Ihr bester Schulfreund in ein einflußreiches Amt berufen wurde. Welche Bedenken hätten Sie am ehesten, ihm eine Glückwunschdepesche zu schicken?
a) Er wird sie ohnehin nicht lesen.
b) Er wird meinen, daß ich etwas von ihm will.
c) Er wird sich kaum noch an mich erinnern.
d) Am Ende fühlt er sich mir dann verpflichtet.
e) Ich hätte gar keine Bedenken.

9. Was könnte Sie am ehesten von einer Idee, von der Sie überzeugt sind, abbringen?
   a) wenn mir von allen Seiten abgeredet wird
   b) wenn ich weiß, daß ein anderer dieselbe Idee verwirklichen will und schon viel weiter ist als ich
   c) wenn ich gewisse Voraussetzungen, vor allem finanzielle, nur schwer erfüllen könnte,
   d) wenn mir bei genauer Überlegung enorme Schwierigkeiten bewußt würden
   e) wenn ich im engsten Familienkreis keine moralische Unterstützung fände

10. In einer Gesellschaft treffen Sie eine bekannte, viel umschwärmte Person vom anderen Geschlecht. Diese strengt sich nun augenfällig an, Ihre Aufmerksamkeit auf sich zu lenken. Was könnte der Grund dafür sein?
   a) mein Aussehen und der gute Eindruck, den ich mache
   b) Ich weiß es nicht.
   c) Sicher will die Person etwas von mir.
   d) Die Person wird von allen umschwärmt, nur von mir nicht; also setzt sie alles daran, um auch mich zu »betören«.
   e) Was auch immer der Grund ist, sie wird kein Glück bei mir haben!

11. In einer lang andauernden Konferenz prallen die Meinungen hart aufeinander! Als schließlich abgestimmt wird, erweist sich, daß Sie das »Zünglein auf der Waage« sind. Für welche Seite stimmen Sie?
   a) wo die besseren Argumente vorgebracht wurden
   b) wo Sie die kreativeren Persönlichkeiten vermuten
   c) wo Ihre weniger harten Widersacher sind
   d) wo Sie sich einen persönlichen Vorteil erwarten
   e) selbstverständlich für die Seite, auf der Sie von Anfang an standen

12. Warum, glauben Sie, wird manchmal Ihre Meinung nicht richtig beachtet, obwohl Sie, wie sich oft herausstellte, recht hatten?
    a) weil mir im rechten Augenblick nicht immer die besten Argumente einfallen
    b) weil andere einfach aggressiver sind
    c) weil ich, offen gestanden, mitunter gar keinen Wert darauf lege
    d) weil sich andere von ihrer vorgefaßten Meinung eben nicht abbringen lassen
    e) weil eine auf Vernunft basierende Meinung oft zurückgewiesen wird

Punkteverteilung:

1. a – 2, b – 3, c – 4, d – 0, e – 1
2. a – 2, b – 1, c – 0, d – 3, e – 4
3. a – 3, b – 4, c – 1, d – 0, e – 2
4. a – 3, b – 4, c – 1, d – 2, e – 0
5. a – 4, b – 3, c – 0, d – 2, e – 1
6. a – 3, b – 2, c – 4, d – 0, e – 1
7. a – 3, b – 4, c – 2, d – 1, e – 0
8. a – 0, b – 3, c – 1, d – 2, e – 4
9. a – 3, b – 2, c – 0, d – 4, e – 1
10. a – 0, b – 1, c – 3, d – 2, e – 4
11. a – 4, b – 3, c – 2, d – 1, e – 0
12. a – 3, b – 2, c – 0, d – 1, e – 4

Testergebnis:

bis 12 Punkte: Sie müssen schon deshalb immer wieder unterliegen, weil Ihnen einfach der Mut fehlt, sich am eigenen Schopf zu packen und daran in die Höhe zu ziehen! Dann würden Sie merken, daß es um Sie herum viele »Zweite« gibt. Fast jeder fällt irgendwann einmal auf die Nase, nur: mancher rafft sich wieder auf, und mancher eben nicht. Also: Raffen Sie sich auf und versuchen Sie, sich abzugewöhnen, für sich selbst immer wieder neue Ausreden zu erfinden!

13 – 22 Punkte: Sie sind manchmal »Zweiter«, weil Sie recht bequem sind! Warum Geist und Energie strapazieren? Es nimmt ja doch alles seinen Lauf, nur – wenn es ihn dann tatsächlich genommen hat, hadern Sie mit der Welt und Ihrem Schicksal. Mobilisieren Sie Ihre geistige Kapazität, und Sie werden merken, daß das deprimierende Gefühl, immer wieder »Zweiter« zu sein, aus Ihrer Empfindungsskala verschwindet. Verfallen Sie nicht in den Irrglauben, daß es andere leichter haben!

23 – 27 Punkte: Sie sind absolut niemals »Zweiter«. Sie bilden sich das nur ein! Es ist nun einmal so, daß nicht alles, was man anstrebt, auch geschafft werden kann. Überlegen Sie: Hat nicht schon mancher, der Ihnen Ihrer Meinung nach den Rang abgelaufen hat, letzten Endes doch vor Ihnen kapituliert? Und haben Sie nicht Leistungen vollbracht, um die Sie von anderen beneidet werden?

38 – 48 Punkte: Es scheint, als ob Sie alles daransetzen würden, ein »Zweiter« zu sein. Wundern Sie sich also nicht, wenn Sie es hin und wieder auch werden! Es dürfte Ihnen an Entschlossenheit fehlen, und das merken natürlich andere. Für diese ist es dann nicht schwer, Sie in die zweite Reihe zurückzudrängen. Mobilisieren Sie Ihre Energien und bemühen Sie sich, wachsamer zu sein!

7. Treffen Sie immer den richtigen Ton?

Welche Antworten geben Sie, wenn . . .

1. . . . Sie in einem Reisebüro nach einem ruhigen Ferienort fragen und Ihnen geantwortet wird: »Langweiliges haben wir nicht anzubieten.«
   a) »Schade, dann muß ich mich eben anderswo umsehen.« *8 Punkte*
   b) »Außer langweiligen Antworten, wie mir scheinen will.« *3 Punkte*
2. . . . Sie eine fremde Stimme am Telefon fragt: »Können Sie beweisen, wo Sie letzten Dienstag zwischen neun und zehn gewesen sind?«
   a) »Wenn ich will, ja. Aber was geht Sie das an?« *6 Punkte*
   b) »Das kann ich nicht, aber ich bin gespannt, ob Sie es herausfinden.« *5 Punkte*
3. . . . Sie ein Fremder auf der Straße anrempelt und dann noch wütend sagt: »Können Sie nicht aufpassen?«
   a) »Warum sollte ich? Ich habe ja auch kein gutes Benehmen.« *4 Punkte*
   b) »Aufpassen sollten eher Sie!« *7 Punkte*
4. . . . Sie von einem Roman schwärmen und jemand meint: »Der ist doch nur etwas für Schwachsinnige.«
   a) »Eben, gerade darum sollten Sie ihn ja lesen.« *4 Punkte*
   b) »Können Sie denn das beurteilen?« *8 Punkte*
5. . . . Ihnen irrtümlich eine Mahnung ins Haus flattert, in welcher Sie ». . . zum letzten Mal aufgefordert werden, die offene Rechnung zu begleichen.«
   a) »Bedauere, Ihnen mitteilen zu müssen, daß es sich wohl um einen Irrtum handelt.« *7 Punkte*
   b) »Ihre Mahnung anbei zurück. Betrifft mich nicht.« *3 Punkte*

6\. . . . Sie nach einer langweiligen Party nach Hause wollen, aber bestürmt werden: »Jetzt wird es doch erst lustig!«

a) ». . . kann schon sein, entschuldigen Sie mich trotzdem.« *5 Punkte*

b) »Lustig zu sein strengt an, und ich habe mich schon genügend angestrengt.« *6 Punkte*

7\. . . . Sie ein neidischer Freund fragt: »Was hast du im letzten Jahr wirklich verdient?«

a) »Wenn ich die Wahrheit sage, glaubst du mir nicht, und wenn ich übertreibe, platzt du womöglich vor Neid.« *8 Punkte*

b) »Offen gestanden, die Hälfte von dem, was ich ausgegeben habe.« *3 Punkte*

8\. . . . Ihnen ein Bekannter zum fünften Male denselben Witz erzählt.

a) »Beim letztenmal haben Sie die Pointe aber besser gebracht.« *5 Punkte*

b) »Er ist wirklich gut, den hat mein Großvater immer erzählt.« *6 Punkte*

Testergebnis:

32 – 38 Punkte: Es fällt Ihnen wirklich nicht schwer, immer den richtigen Ton zu treffen. Selbst in verzwickten Situationen fallen Sie nicht aus der Rolle. Das hat Ihnen den Ruf eingetragen, ein höflicher Mensch zu sein. Manche freilich halten Sie für nicht immer ganz ehrlich bei Ihren Meinungsäußerungen.

39 – 44 Punkte: Sie verstehen es meisterhaft, immer den richtigen Ton anzuschlagen, das hat schon manchen verblüfft, manchmal sogar verärgert, aber man kommt gegen Sie nicht an. Wird die Situation hie und da delikat, hüllen Sie sich einfach in Schweigen. Daß Sie dabei riskieren, unhöflich zu wirken, darf Sie eben nicht stören.

45 – 51 Punkte: Der Ton macht die Musik. Sie sind leider ein bißchen »unmusikalisch«, dafür aber um so ehrlicher. Die so entstehenden Mißtöne werden Ihnen also manchmal angekreidet. Das sollte Sie nicht weiter stören, aber vielleicht manchmal etwas zur Vorsicht mahnen.

52 – 56 Punkte: Sie haben eine geradezu verblüffende Fähigkeit danebenzugreifen. Das geht so weit, daß Sie mitunter grob wirken. Nur wer Sie näher kennt, weiß, daß man prächtig mit Ihnen auskommen kann, vorausgesetzt, daß man die von Ihnen bevorzugten Trampelpfade akzeptiert.

8. Wie steht es mit Ihrer Selbstkontrolle?

Mit diesem Test können Sie den Grad Ihrer Selbstkontrolle feststellen. Es sind nur 12 Fragen. Aber denken Sie daran, es ist ein schlechtes Zeichen, wenn Sie sich über den Test ärgern, ehe Sie alle Fragen – ehrlich – beantwortet haben!

1. Ein Mensch, den Sie vorher kaum gekannt haben, behandelt Sie kränkend und geringschätzig. Wie reagieren Sie?
   a) mit einem langen, unhörbaren Seufzer
   b) Sie explodieren wütend und zwar sofort.
   c) Sie zucken mit den Schultern, um wenigstens eine Reaktion zu zeigen.
   d) Sie kreiden es diesem Menschen insgeheim an, um später mit ihm abzurechnen.
2. Sie haben sich darauf eingestellt, wegen einer wichtigen Sache etwa eine halbe Stunde warten zu müssen. Schließlich aber werden es fast zwei Stunden. Wie reagieren Sie?
   a) Sie schäumen vor Wut, vergessen es aber schnell wieder.
   b) Sie schimpfen leise vor sich hin.
   c) Sie bekommen einen lauten Wutanfall, den so schnell niemand vergißt.
   d) mit leidender Duldermiene und/oder Resignation

3. Sie lernen eine attraktive Person des anderen Geschlechts kennen und bilden sich ein, daß der beiderseitige »sofortige Magnetismus« richtig arbeitet. Wie verhalten Sie sich?
   a) vorsichtig, weil Sie nicht »in Schwierigkeiten« kommen wollen
   b) Ihre Haltung ist äußerst unverbindlich und neutral.
   c) Sie verhalten sich überschwenglich, überspannt und übertrieben.
   d) Sie hoffen auf ein Abenteuer.
4. Wir alle kennen Dinge, die wir nur so lange ertragen können, bis wir mit unserer Geduld am Ende sind. Worüber ärgern Sie sich bestimmt am schnellsten?
   a) über den Starrsinn dummer Leute
   b) über Zögern und Unentschlossenheit anderer Leute
   c) über die Unzuverlässigkeit anderer Leute
   d) über andere Leute überhaupt
5. Angenommen, Sie müssen abnehmen (also weniger essen) oder weniger rauchen oder trinken, obwohl es Ihnen Freude macht, ob Sie nun in Gesellschaft sind oder nicht. Sie fassen einen Vorsatz. Wie geht er aus?
   a) von Anfang an ein völliger Fehlschlag
   b) ein guter Start, aber auf die Dauer haben Sie nur geringen Erfolg.
   c) Trotz vieler Anfechtungen (und einiger Rückfälle) bleiben Sie bei Ihrem Vorsatz.
   d) Sie führen einfach Ihren Vorsatz aus.
6. Sie sind allein zu Haus, können also niemandem die Schuld geben, und Sie machen eine zwar nicht wichtige, doch höchst alberne Sache. Sofort haben Sie den Wunsch, es nicht getan zu haben. Was tun Sie?
   a) Sie fluchen laut und deutlich, dann fühlen Sie sich wohler.
   b) Sie reiten dauernd auf dem Gedanken herum.
   c) Sie ärgern sich wahnsinnig, dann vergessen Sie es, weil Sie etwas anderes tun.

d) Sie belegen sich selbst mit den kräftigsten Schimpfwörtern, aber schließlich versuchen Sie – wenn auch indirekt – die Schuld auf einen anderen abzuwälzen.

7. Aus irgendeinem Grund versetzt Ihnen jemand einen Schlag, wobei es gleichgültig ist, daß er tatsächlich recht sanft oder schwach ausfällt. Wie ist Ihre natürliche Reaktion?
a) Sie protestieren wortstark, tun sonst aber nichts.
b) Sie geben den Schlag in gleicher Weise zurück.
c) Sie revanchieren sich mit einem bedeutend kräftigeren Schlag.
d) So gut wie möglich ignorieren Sie die Sache.

8. Wenn Sie jemand beschreibt, welchen Ausdruck würden Sie am wenigsten gern hören?
a) Unehrlichkeit
b) Härte und Gefühllosigkeit
c) Unausgeglichenheit
d) Ängstlichkeit und Beeinflußbarkeit

9. Sie haben für etwas hart gearbeitet und lange auf eine entsprechende Anerkennung gehofft. Aber alles, was schließlich herauskommt, ist eine gewaltige Enttäuschung. Was fühlen Sie?
a) Sie möchten alles hinschmeißen.
b) So bitter es ist – Sie möchten noch einmal von vorn anfangen.
c) Sie sind natürlich enttäuscht, aber nicht besonders niedergeschlagen.
d) Sie sind lediglich ein bißchen zynischer als vorher.

10. Wenn Sie sich die Menschen Ihrer Umgebung, die Sie kennen, ansehen, was ist Ihrer Ansicht nach grundsätzlich bei den meisten dieser Leute der größte Fehler?
a) Es fehlt ihnen an Beharrlichkeit und Entschlossenheit.
b) Sie haben nicht die Fähigkeit, ihre Wünsche, ihr Versagen und ihre Schwächen unter Kontrolle zu halten.
c) Es fehlt ihnen einfach an Intelligenz.
d) Sie haben kein Glück.

11. Ohne es wirklich zu wünschen, sind Sie gegen Ihren Willen zum Mittelpunkt eines Scherzes, zur Zielscheibe des Witzes, sogar des Spottes anderer Leute geworden. Was tun Sie?
   a) Innerlich sind Sie wütend, nach außen grinsen Sie.
   b) Sie versuchen, Entschuldigungen und Rechtfertigungen zu finden.
   c) Sie zeigen deutliche Zeichen von Ärger.
   d) Sie lachen trotz allem herzlich.
12. Welche der folgenden Eigenschaften schwächt Ihrer Ansicht nach den Charakter eines Menschen am meisten?
   a) Schwäche
   b) vollkommene Gleichgültigkeit den Gefühlen oder Bedürfnissen anderer Menschen gegenüber
   c) Stumpfheit
   d) Mangel an Schwung oder Energie und Ehrgeiz

Punkteverteilung:

1. a – 6, b – 3, c – 10, d – 2
2. a – 5, b – 7, c – 1, d – 10
3. a – 9, b – 10, c – 4, d – 0
4. a – 9, b – 7, c – 5, d – 10
5. a – 1, b – 6, c – 9, d – 10
6. a – 8, b – 4, c – 10, d – 6
7. a – 8, b – 3, c – 1, d – 10
8. a – 5, b – 4, c – 8, d – 10
9. a – 2, b – 10, c – 10, d – 9
10. a – 7, b – 10, c – 5, d – 0
11. a – 8, b – 5, c – 2, d – 10
12. a – 10, b – 4, c – 8, d – 6

Testauswertung:

Über 100 Punkte: Sie haben wirklich eine eiskalte Selbstkontrolle, und das ist zeitweilig sehr nützlich. Aber hüten Sie sich, daß das Eis nicht in Ihre Seele dringt. Ein Mensch, der seine Gefühle jederzeit unter Kontrolle hat, kann leicht sich selbst untreu – und abstoßend für andere – werden!

Zwischen 80 und 100 Punkten: Ihre Selbstkontrolle liegt bewundernswert über dem Durchschnitt, erreicht aber nie den Punkt der reinen Unmenschlichkeit. Diese Punktzahl ist die beste, die Sie erreichen können.

Zwischen 50 und 80 Punkten: Wenn Sie sich im Gefühlsbereich und in der Art, wie Sie Ihren Gefühlen Luft machen, nur noch ein bißchen mehr zusammennehmen, würden Sie leicht in die obenstehende zweite – und bessere – Kategorie gelangen.

Unter 50 Punkte: Leider fehlt Ihnen jede Selbstkontrolle. Sie müssen große Anstrengungen machen und viel Entschlossenheit aufbringen, um diesen Zustand zu verbessern. Aber es ist bestimmt der Mühe wert. Versuchen Sie es.

9. Welcher Mitarbeiter-Typ sind Sie?

Um das herauszufinden, müssen Sie sich in die Rolle eines Fabeldichters versetzen. Keine Angst! Sie brauchen keine Fabel zu erfinden, Sie müssen jedoch zu einer vorliegenden, zu der es vier verschiedene Schlüsse gibt, jenen aussuchen, der am ehesten von Ihnen selbst stammen könnte. – Das ist die Testaufgabe A.

Jeder Schlußteil der Fabel hat Punkte. Ziehen Sie die Punkte des von Ihnen ausgesuchten Teils von der Punktesumme der übrigen drei ab. Die verbleibenden Punkte ergeben das Testergebnis A. Dieses verrät Ihren »Mitarbeiter-Grundtyp«.

Im zweiten Teil, der Testaufgabe B, sind 20 Thesen bzw. Fragen mit »ja«, »Ich weiß nicht« oder »nein« zu bewerten. Zählen Sie Ihre Punkte zusammen, und Sie erfahren, zu welchem »Mitarbeiter-Typ« Sie von Ihrem Grundtyp aus tendieren. Wenn beide Testergebnisse den gleichen Typ ergeben, dann sind Sie, was allerdings nicht sehr häufig vorkommt, der eindeutige Fall eines bestimmten Typs. Viel häufiger ist eine Mischung aus zwei Typen. – Viel Spaß!

Testaufgabe A: Die Fabel

Es war einmal eine Maus. Die Maus lebte mit ihrer Familie auf dem Dachboden eines alten Bauernhauses. In dem Bauernhaus gab es, wie das so üblich ist, auch eine Katze. Aber die Katze war schon alt und gar nicht mehr dazu aufgelegt, auf die Jagd zu gehen, und so hatten die Mäuse ein recht geruhsames Leben. Sie nährten sich von den Vorräten in der Speisekammer und taten im übrigen nichts. Eines Tages geschah etwas Schreckliches. Die Maus, von der unsere Geschichte berichtet, es war der Großvater Mäuserich, entdeckte in der Speisekammer einen kleineren Holzzuber, der halbvoll mit Milch war. Guter frischer Kuhmilch. Unsere Maus, genäschig wie alle Mäuse, sprang auf den Rand des Gefäßes, krallte die Hinterfüßchen ein und ließ sich kopfüber hinunter zur Milch. Sie mußte sich recht strecken, um an die Milch heranzukommen, aber die Anstrengung lohnte sich. Sie konnte sich mit Milch vollaufen lassen wie noch nie in ihrem Leben. Als sie so mitten im genüßlichen Schlemmen war, vernahm sie ein leises, ganz leises Geräusch. Sie drehte den Kopf – was nicht ganz ohne Mühe gelang – nach oben und sah zwei große gelbe Augen inmitten eines schrecklich schwarzen Gesichtes. Die Katze! Vor Schreck versagten der Maus die Hinterbeine, und – plumps – sie fiel in die Milch. Die Maus schrie auf vor Angst und strampelte, daß die Milch hohe Wellen schlug, und versuchte, den oberen Rand des Zubers zu erreichen, was aber nicht nur unmöglich war, es saß ja obendrein noch die Katze da. Die, vollgefressen und faul, versuchte, nach der Maus zu haschen, aber es war ihr zu anstrengend, sie gab es wieder auf und schaute interessiert zu, was weiter geschehen würde. »Ich ertrinke,« schrie die Maus, »so helft mir doch . . . !«

Schluß a) = 3 Punkte

. . . Einige andere Mäuse hörten das Geschrei. Sie kletterten auf einen Balken, so daß die Katze sie nicht erreichen konnte, über dem Milchzuber, sahen, was geschehen war, und hielten Kriegsrat.

»Ich bin euer Großvater!« schrie die Maus in der Milch, »ihr seid verpflichtet, mir zu helfen!«

»Aber wie nur?« fragten die Mäuse.

»Verjagt vor allem die Katze!«

Die Mäuse erschraken. Wie sollten sie das nur bewerkstelligen? Aber der Großvater in der Milch wußte einen Rat: »Macht sie auf euch aufmerksam, tanzt vor ihrer Nase herum, dann wird sie euch nachsetzen, und ich bin gerettet.«

Die Mäuse taten, wie ihnen geheißen, die Katze ließ sich tatsächlich ablenken, und der Mäusegroßvater konnte, zwar mit großen Anstrengungen, aus dem Milchzuber herausturnen. Als er dann sah, daß die Katze über alle Berge war, putzte er seinen milchverklebten Bart und ließ sich dann in aller Gemächlichkeit noch einmal in den Zuber hinunter, nahm noch einen kräftigen Schluck guter Milch und machte sich bedächtigen Schrittes auf den Heimweg.

Schluß b) = 4 Punkte

. . . Aber niemand außer der Katze, die aber die Mäusesprache nicht verstand, hörte sie. »Ich bin verloren,« wimmerte sie ganz leise und ruderte in der Milch herum. Nach einiger Zeit hatte sie sich etwas beruhigt und dachte: »Sterben muß ich so oder so irgendwann einmal, nun ertrinke ich in einem See von Milch. Eigentlich ein schöner Tod für eine Maus.«

Bei dieser Überlegung wurde sie beinahe fröhlich. Sie schwamm nun immer im Kreis, und weil sie ja sonst nichts anderes zu tun hatte, begann sie, die Kreise zu zählen, die sie herumschwamm.

Da sie nicht besonders gut im Rechnen war, brachte sie die Zahlen bald durcheinander, aber was tat das schon? Sie wußte nicht, wie lange sie so kreisauf kreisab geschwommen war, aber nach unendlich langer Zeit, da fühlte sie plötzlich, daß irgend etwas Klumpiges, beinahe Festes im Zuber mit drinnen war. Es war ein Butterklumpen, entstanden durch das ruhelose Schwimmen der Maus.

»Na also«, piepste die Maus vor sich hin, »ich bin gerettet,« kletterte auf den Butterklumpen, es war nicht ganz leicht, aber sie schaffte es, suchte sich eine gute Absprungbasis und sprang – ohne sich um die Katze Sorgen zu machen – mit aller Kraft los. Vorbei an der Nase der verdutzten Katze, und lief, was sie nur konnte, nach Hause.

Schluß c) = 6 Punkte

... Die anderen Mäuse hörten zwar das Geschrei des Mäusegroßvaters, aber als sie herbeieilten, sahen sie die böse Katze und verkrochen sich schleunigst in ihre Schlupfwinkel.

»Feige Bande!« schimpfte die Maus in der Milch, »aber was konnte man von euch schon anderes erwarten?«

Obwohl sie sich wirklich in großer Gefahr befand, dachte sie nicht einen Augenblick lang ans Sterben. Ich habe schon andere Situationen gemeistert, überlegte sie sich, und wozu habe ich meine scharfen Zähne?

So gut es ging, suchte sie an der Holzwand des Zubers nach einer Stelle, wo man sich ein bißchen anklammern konnte, und sie fand diese auch bald. Unverzüglich begann sie, das Holz anzuknabbern, aber es dauerte sehr lange, bis sie auch nur eine winzig kleine Vertiefung in das Holz gebissen hatte. Das macht nichts, tröstete sie sich, je länger ich brauche, desto wahrscheinlicher ist es, daß die Katze schläfrig wird und sich davon macht.

Und so geschah es tatsächlich. Als die Maus endlich einen zarten Lichtschimmer durch das zernagte Holz des Zubers sah, gähnte die Katze bereits gelangweilt, machte einen Katzenbuckel und schlich davon. Die Maus aber nagte weiter, bis das Loch endlich so groß war, daß sie durchschlüpfen konnte.

Schluß d) = 5 Punkte

. . . »Schrei nicht so, »maunzte die Katze«, von den deinigen kommt dir sowieso keiner zur Hilfe. Wie auch, wo ich doch hier sitze!«

Diesen klugen Worten konnte die Maus nichts entgegensetzen, sie blinzelte zur Katze hinauf und dachte bei sich: Wenn es mir nur gelänge, sie zu meiner Verbündeten zu machen. Nach einigem Nachdenken sagte sie: »Wir könnten einen Handel miteinander abschließen.«

»Du mit mir?« lachte die Katze. »Ein Griff von mir, und ich habe dich!«

»Das hast du vorhin schon versucht, und es ist dir nicht gelungen,« entgegnete die Maus, tauchte aber zur Vorsicht recht tief in die Milch ein. »Wenn du aber zu mir in den Zuber kommst, erzähle ich dir etwas, das dich begeistern wird.«

»Du bist wohl übergeschnappt? Ich soll freiwillig in die Milch springen?«

»Dann eben nicht,« piepste die Maus, »nehme ich also mein Geheimnis mit ins Grab.«

Die Katze war aber neugierig geworden. »In die Milch springen, hast du gesagt?« fragte sie nach einer Weile.

»Mein Geheimnis wäre ein kleines Bad schon wert.«

Die Katze überlegte noch eine Weile, dann sprang sie auf den Zuberrand und ließ sich tatsächlich in die Milch fallen.

Das Unglaubliche war geschehen. Als nun die Katze in der Milch untertauchte, stieg diese bis zum Rand des Zubers, und damit hatte die Maus gerechnet. Mit einem kühnen Griff erfaßte sie den Zuberrand, schwang sich hinüber und ließ sich auf der anderen Seite hinunterfallen. Als die Katze dann aus dem Milchbad kam, sah sie die Maus nicht mehr, denn diese war bereits über alle Berge.

Testergebnis A

12 Punkte: Grundtyp A – Der Gleichmäßige
10 Punkte: Grundtyp B – Der Jobber
6 Punkte: Grundtyp C – Der Beständige
8 Punkte: Grundtyp D – Der Strebsame

Testaufgabe B:

	ja	ich weiß nicht	nein
1. Das Wichtigste beim Streichen von Gartenmöbeln ist, daß die Farbe möglichst lange hält.	1	3	2
2. Ein Kleid muß vor allem zu seiner Trägerin passen. (Modische Aspekte sind zweitrangig.)	1	0	3
3. Beim Boxen ist Angriff die beste Verteidigung.	3	0	0
4. Soll man einem Hobby mehr als die Hälfte seiner Zeit widmen?	2	3	1
5. Sollen Gegenstände des täglichen Gebrauchs unbedingt auch gefällig in der Form sein?	2	0	1
6. Eine Arbeit muß keineswegs mit Begeisterung getan werden, Hauptsache, sie gelingt.	3	0	0
7 Ein launenhafter Vorgesetzter regt mich auf.	1	2	0
8. Es ist selbstverständlich, daß ein höheres Einkommen auch mehr Verantwortung mit sich bringt.	3	1	0
9. Wer ein Risiko eingeht, muß unbedingt damit rechnen, daß er verliert.	1	2	3

	ja	ich weiß nicht	nein
10. Glauben Sie, daß Sie Charakterzüge eines Menschen an äußeren Merkmalen erkennen können?	0	2	3
11. Auch wenn es von Nachteil ist, soll man in gewissen Fällen nicht mit seiner Meinung zurückhalten.	1	0	3
12. Ein schönes gutes Bild wirkt auf jeden Fall auch ohne Rahmen.	2	0	1
13. Im Leben muß man sich sehr oft auf sein Glück verlassen.	3	1	0
14. Geht Ihnen Eitelkeit von Leuten, mit denen Sie häufig zu tun haben, auf die Nerven?	2	3	1
15. Haben Sie während Ihrer Schulzeit Unterrichtsfächer, für die man sich vorbereiten mußte, weniger geschätzt als andere etwa wie Turnen, Musik etc.?	3	1	0
16. Glauben Sie, daß Sie gerechter sind als die meisten Menschen Ihrer Umgebung?	2	0	0
17. Glauben Sie, daß Sie es schon weiter gebracht hätten, wenn es immer nur auf Leistung und Können angekommen wäre?	2	1	0
18. Leiden Sie unter Prüfungsangst?	0	1	2
19. Haben Sie das Gefühl, daß Sie, würden Sie noch einmal von vorne anfangen, sehr viel anders machen würden?	0	3	0
20. Sind Beharrlichkeit und Fleiß wichtiger als Improvisationsgabe, um ans Ziel zu kommen?	1	2	0

Testergebnis B:

4 – 17 Punkte:	Sie neigen zu Typ A.
18 – 28 Punkte:	Sie neigen zu Typ B.
29 – 39 Punkte:	Sie neigen zu Typ C.
40 – 53 Punkte:	Sie neigen zu Typ D.

Testauswertung:

Typ A: Der Gleichmäßige

Es gibt nichts, was ihn ablenken, nichts, was ihn während der Arbeitsstunden aufregen oder aus der Ruhe bringen könnte. Widerspricht sich der Chef gleich zweimal in einem Atemzug, wird er so tun, als hätte er es gar nicht bemerkt, wie er es auch nicht zur Kenntnis nimmt, wenn die Arbeit »wieder einmal« allen über den Kopf wächst. Er wird sein Pensum bewältigen, und wenn andere darüber staunen, denkt er sich nur seinen Teil. Er ist einfach unentbehrlich, bildet sich aber nichts darauf ein. Es gibt ihm jedoch eine innere Sicherheit und die Gewißheit, daß er einen eventuellen Betriebsuntergang eher »überlebt« als andere, die ihm vor der Nase sitzen. Denn seinesgleichen sucht und braucht man überall. Die ihm übertragenen Arbeiten führt er präzise und gewissenhaft aus und würde es selbst dann noch tun, wenn sie ganz unsinnig wären. Denn fürs Arbeiten wird er ja bezahlt! Daß es nicht unter seinem Wert geschieht, dafür weiß er zu sorgen.

Typ B: Der Jobber

Er ist vielseitig interessiert, und aus dem, was er anpackt, wird auch immer etwas Brauchbares. Aber er ist in beruflicher Hinsicht nicht sonderlich ambitioniert und legt auch keinen gesteigerten Wert auf Aufstiegsmöglichkeiten. Wichtiger ist ihm die Zahl, die auf seinem Gehaltsstreifen steht. Und wenn er woanders mehr geboten bekommt, dann wird er dort arbeiten. Bietet man ihm mehr Verdienst bei geringerem Einsatz, wird er sogar eine gewisse Begeisterung für die gebotene Tätigkeit an den Tag legen. Er ist sicher, niemals untergehen zu können, weil sich für ihn immer etwas findet, mit dem er sich zumindest über Wasser halten kann. Mitunter macht der Jobber sogar eine beachtliche Karriere. Das geschieht dann, wenn ihm der Zufall ein Plätzchen zuspielt, das er, meist aus außerberuflichen Gründen, nicht wieder verlassen will. Von Vorgesetzten wird er sehr geschätzt, weil er eine einmal übernommene Arbeit verläßlich erledigt.

Typ C: Der Beständige

Es kommt ihm gar nicht so sehr darauf an, was er tut, Hauptsache, es besteht Aussicht, es möglichst lange, womöglich bis zur Pensionierung tun zu können. Das einzige, was seine Beharrlichkeit eventuell mindern könnte, ist die Aussicht auf eine wesentlich bessere Dotierung seiner Tätigkeit, aber auch da muß eine Basis auf lange Sicht in Aussicht gestellt sein. Sogenannte Blitzkarrieren anderer sind ihm geradezu unheimlich.

Sein eigener Aufstieg muß Stufe um Stufe auf festem Fundament aufgebaut sein, und er hat es am liebsten, wenn sein Beförderungsschema von vornherein festgelegt ist. Er wird gern Vorgesetzter, erledigt dann seine Pflichten musterhaft, schätzt es aber nicht, ganz an die Spitze gestellt zu werden; wenn er immer noch einen Chef über sich hat, ist er glücklich und zufrieden. Für eventuelle Fehler seiner Untergebenen fühlt er sich ›nach oben hin‹ persönlich verantwortlich! Kritik an der »Spitze« darf in seiner Gegenwart nicht geübt werden, aber er duldet auch nicht, daß an seinen anderen Mitarbeitern etwas ausgesetzt wird.

Typ D: Der Strebsame

Es ist strebsam, aber kein »Streber«, Fleiß und Beharrlichkeit zeichnen ihn aus, doch er möchte kein »Musterknabe« sein. Es stört ihn nicht, ganz unten anzufangen, von wo er sich in der Regel sehr schnell hocharbeitet. Oft ist er schon in jungen Jahren Leiter einer Abteilung oder »Boß« eines Teams, wo er sich als konsequenter Vorgesetzter erweist, der von seinen Untergebenen sehr geschätzt wird. Geht eine einmal errungene Position wieder verloren, fängt er ungerührt noch einmal von vorne an. In späteren Jahren schätzt er es sehr, Ehrungen und Auszeichnungen zu empfangen, auch wenn diese keine materiellen Vorteile mit sich bringen. Das kann er sich in der Regel dann auch leisten, denn in materieller Hinsicht versteht er es, sich von vornherein eine gute Plattform zu schaffen. Vorgesetzten gegenüber verhält er sich eher zurückhaltend, schreckt aber nicht davor zurück, seine Meinung mit Nachdruck zu äußern, wenn er sich im Recht weiß.

10. Können Sie Ihrem Chef ein Lächeln entlocken?

1. Auf dem Markusplatz in Venedig steht Chef Mayer und filmt. Einer seiner jüngsten Angestellten kommt zufällig dazu. Welche seiner Fragen halten Sie für eine echte Verlegenheitsfrage?
   a) Filmen Sie immer im Urlaub, Herr Mayer?
   b) Haben Sie das schon einmal bei Hochwasser gefilmt?
   c) Haben Sie auch schon Gondeln auf Ihrem Film?
   d) Was für ein Filmmaterial verwenden Sie?
2. In den Badestuben des Mittelalters ging es immer sehr heiter zu. Warum?
   a) weil die Leute damals noch Humor hatten.
   b) weil die Leute sonst nichts zu lachen hatten.
   c) weil sie nur selten badeten.
   d) Woher soll ich das wissen?
3. Fräulein Ingrid hat auf dem Firmenparkplatz das neue Auto des Chefs leicht beschädigt. Zerknirscht gesteht sie es, aber der Chef lacht und meint, »das kann jedem passieren«. Warum ist er so großzügig?
   a) Da müßte man wohl Fräulein Ingrid fragen.
   b) Weil er eben ein großzügiger Mensch ist.
   c) Was bleibt ihm schon anderes übrig?
   d) Weil er sich mit Kleinigkeiten nicht abgibt.

4. Die Frau des Chefs kommt ins Büro und hängt ganz in Gedanken auch ihre Perücke auf den Kleiderhaken. Soll man sie darauf aufmerksam machen?
   a) Nein, warum denn?
   b) selbstverständlich
   c) sie nicht, aber der Chef
   d) ich weiß nicht recht
5. Auf einer Witzseite ist eine Karikatur, die verblüffend dem Chef ähnelt. Er scheint es aber als einziger nicht zu bemerken. Wieso?
   a) Weil man sich in einer Karikatur selber nie erkennt.
   b) Er tut ja nur, als ob er es nicht bemerke.
   c) Weil er dann notgedrungen über sich selber lachen müßte.
   d) Weil er für so etwas nichts übrig hat.
6. Der Chef erzählt einen Witz, alles lacht, nur der Lehrling Bernhard verzieht keine Miene. Wieso?
   a) Vielleicht ist seine Lehrzeit bald zu Ende.
   b) Weil die Jugend einen anderen Humor hat.
   c) Weil er den Witz selber dem Chef erzählt hat.
   d) Weil der Witz gar nicht so komisch ist.
7. Sie haben sich das Rauchen abgewöhnt, aber der Chef bietet Ihnen immer wieder eine Zigarette an. Warum?
   a) Weil er weiß, daß ich ablehne.
   b) Er will mich auf die Probe stellen.
   c) Er kann sich nicht vorstellen, das Rauchen aufzugeben.
   d) Er ist nun einmal zerstreut.
8. Der Chef feiert einen runden Geburtstag, und seine Mitarbeiter beraten über ein passendes Geschenk. Wofür stimmen Sie?
   a) Zigarren und Wein
   b) ein Notizbuch mit Namensprägung
   c) ein Gruppenfoto seiner Belegschaft
   d) ein Buch über erfolgreiche Unternehmer

9. Warum ärgern sich manche Leute nie über ihren Chef?
   a) Weil er eben ein prima Kerl ist.
   b) Das kann ich mir nicht vorstellen.
   c) Weil ihnen wohl alles gleichgültig ist.
   d) Vielleicht haben die gar keinen richtigen Chef.

10. Welchen Fehler würden Sie sich selber am ehesten eingestehen, wenn Sie ein Chef wären?
    a) Ich wäre viel zu gutmütig.
    b) Vielleicht wäre ich auch launenhaft.
    c) Selbstverständlich gar keinen!
    d) Ich wäre nicht großzügig genug.

Punkteverteilung:

1. a – 6 , b – 4 , c – 2 , d – 1
2. a – 1 , b – 4 , c – 5 , d – 2
3. a – 7 , b – 3 , c – 5 , d – 2
4. a – 4 , b – 2 , c – 6 , d – 1
5. a – 2 , b – 7 , c – 5 , d – 3
6. a – 6 , b – 1 , c – 3 , d – 2
7. a – 4 , b – 2 , c – 0 , d – 1
8. a – 1 , b – 2 , c – 3 , d – 5
9. a – 1 , b – 2 , c – 0 , d – 3
10. a – 1 , b – 2 , c – 6 , d – 4

Testergebnis:

Bis 21 Punkte: Es muß leider gesagt werden, daß Sie kaum in der Lage sind, Ihrem Chef ein Lächeln zu entlocken. Sie sind ein zu wertvoller Mitarbeiter, über den zu lächeln oder am Ende gar zu lachen sich der Chef einfach nicht erlauben kann. Überlassen Sie es auch weiterhin anderen, ihm ein mehr oder weniger tiefgründiges Lächeln zu entlocken – was übrigens auch den Vorteil hat, daß Sie diskret mitlächeln dürfen, ohne irgendeine Gefahr zu laufen. Einen Trost gibt es für Sie: Vielleicht lächelt er manchmal über Sie, ohne daß Sie es merken.

22 – 31 Punkte: Sie scheinen ein sehr ernst veranlagter Mensch zu sein, gerade darum kann es Ihnen aber ohne weiteres gelingen, Ihrem Chef ein Lächeln zu entlocken! Fragen Sie ihn also in Ihrer bewährt ernsten Art, ob er nicht Ihr Gehalt verdoppeln möchte. Das ist gleichzeitig ein Test, ob er Humor hat. Hat er nämlich welchen, dann tut er es ohne Zögern. Ist er einer jener (leider) sehr zahlreichen humorlosen Typen, dann wird er nicht nur lächeln, sondern sogar lachen. Womit eindeutig bewiesen wäre, daß Sie ihn dazu bringen können!

32 – 47 Punkte: Sie scheinen ein fein ausgebildetes Fingerspitzengefühl dafür zu haben, wann der Chef in gehobener Laune und daher auch zum Lächeln aufgelegt ist. Nützen Sie das! Am besten, indem Sie ihn in geschickter Diskretheit an irgendeinen seiner letzten Irrtümer erinnern. Er wird dabei gar nicht anders können, als lauthals zu lachen. Beherzigen Sie dabei aber eine alte Weisheit erfahrener Berufskomiker: Lachen Sie nicht mit, wenn andere über Ihre Witze lachen. In diesem Fall braucht Ihnen dann auch das Lachen nicht zu vergehen.

Über 48 Punkte: Natürlich können Sie das! Aber Sie müssen verschiedene, in Ihnen tief gelegene Hemmungen loswerden! Da ist einmal Ihr Komplex, daß jeder Chef auch außerhalb der dienstlichen Obliegenheiten besonders hohe Erwartungen in die geistige Kapazität seiner Mitarbeiter und Mitläufer stellt. Das stimmt nicht! Außerhalb der Dienstzeit ist auch der Chef ein frohgemuter Mensch, der gerne lacht. Am liebsten über andere. Also bemühen Sie sich ruhig in seiner Gegenwart, hin und wieder etwas Lustiges zu erfinden. Wenn schon nicht offen, wird er später über Sie lächeln. Und das ist schließlich auch etwas wert.

11. Können Sie eine verfahrene Situation retten?

Wer das kann, zählt zur Gruppe der gesuchtesten Personen unserer Zeit. Denn im großen wie im kleinen gibt es dauernd verfahrene Situationen. Der Test soll Ihnen helfen, sich richtig einzuschätzen – was unter Umständen von großem Nutzen sein kann.

1. Nach einer Besprechung in Ihrem Büro hat ein Vorgesetzter ein Schriftstück liegen lassen, aus dem eindeutig hervorgeht, daß er genau das Gegenteil von dem veranlaßt hat, was Sie ihm einige Tage vorher geraten hatten.
   a) Versuchen Sie, mit ihm darüber zu reden? *9 Punkte*
   b) Lassen Sie es ihm kommentarlos von der Sekretärin zurückbringen? *5 Punkte*
   c) Warten Sie ab, ob er selber darauf reagiert? *3 Punkte*

2. In Ihrem Büro wird – an sich belangloser – Klatsch über einen Kollegen kolportiert. Und das gleich in drei Varianten. Wem glauben Sie am ehesten?
   a) einem mit Ihnen befreundeten Kollegen *7 Punkte*
   b) Ihrer Sekretärin *4 Punkte*
   c) einem Vorgesetzten *10 Punkte*

3. Ihre Sekretärin nimmt sich einen freien Tag, um – wie sie zu Ihnen sagt – Familienangelegenheiten zu ordnen. Zufällig erfahren Sie aber, daß sie nur beim Friseur gewesen ist. Wie reagieren Sie?
   a) Bewundern Sie am nächsten Tag ihre neue Frisur? *2 Punkte*
   b) Geben Sie ihr zu verstehen, daß Sie in künftigen Fällen keine Ausrede zu erfinden braucht? *8 Punkte*
   c) Übergehen Sie die Sache einfach? *6 Punkte*

4. Eine alte chinesische Legende berichtet von zwei kostbaren lebensgroßen Porzellanpferden, von denen eines einem Kaufmann gehörte, den ein amerikanischer Geschäftsfreund

besuchte. Zu vorgerückter Stunde und nach reichlichem Reisweingenuß versuchte der Gast das kostbare Stück zu besteigen, und dabei zerbrach es in unzählige Scherben. Der weise Chinese lächelte und sagte angeblich einen der drei nachstehenden Sätze. Welcher würde Ihnen am besten gefallen?

a) »Das macht nichts, jetzt ist das andere Pferd noch viel wertvoller.« *4 Punkte*

b) »Trösten Sie sich, lieber Freund, das Ding war ohnehin schon uralt.« *5 Punkte*

c) »Ich werde Ihnen ein wirkliches Pferd satteln lassen, lieber Freund.« *9 Punkte*

5. Wenn Sie für einen Tag lang eine von den drei Persönlichkeiten sein dürften, welche würden Sie gerne sein?

a) Robinson Crusoe *2 Punkte*

b) Cäsar *9 Punkte*

c) der weise Cicero *7 Punkte*

Testergebnis:

15 – 23 Punkte: In Ihrem Unterbewußtsein dürften Sie sich nach verfahrenen Situationen geradezu sehnen! Mit nachtwandlerischer Sicherheit gehen Sie daran, sie zu retten! Im kritischen Augenblick stehen Sie nämlich ganz über der Situation und betrachten die Ereignisse wie ein Mann am Spieltisch die rollende Kugel – wenn er selbst nichts gesetzt hat. Ihre Selbstsicherheit läßt nur dann etwas nach, wenn es sozusagen um Ihre eigene Haut geht. Warum eigentlich? Versuchen Sie doch, auch Ihre eigenen Probleme etwas aus der Distanz zu betrachten.

24 – 30 Punkte: Mitunter ist es Ihnen schon recht gut gelungen, eine verfahrene Situation zu retten. Es war immer dann der Fall, wenn Sie auf einer Erfolgswelle dahergeritten kamen. Ist kurz vorher etwas gründlich schief gegangen, war Ihr Selbstvertrauen angeschlagen, und Sie wagten, von Unsicherheit gequält, keine Entscheidungen zu fällen. Dabei hätten Sie aber immer ganz genau gewußt, worauf es angekommen wäre. Richten Sie sich in Zukunft etwas danach, und Sie werden bald ein Meister im Retten verfahrener Situationen sein.

31 – 39 Punkte: Sie versuchen, verfahrene Situationen einfach zu ignorieren. Das ist auch eine Methode, mit ihnen fertig zu werden. Sie haben bewiesen, daß sie funktioniert und nicht die schlechteste sein muß. Auf die Dauer wird sie sich aber doch nicht immer praktizieren lassen, besonders dann, wenn Sie selbst in die Ereignisse mit hineingezogen werden. Da könnte man Ihnen nämlich die sprichwörtliche »Vogel-Strauß-Politik« vorwerfen.

40 – 45 Punkte: Vielleicht geraten Sie in kritischen Fällen etwas zu leicht in Panikstimmung, und daher können Sie nicht ganz klar abschätzen, wie es nun am besten weitergehen soll. Erst nach einer Atempause haben Sie sich wieder einigermaßen in der Hand und sind in der Lage, klare Entscheidungen zu fällen. Dann können Sie eine verfahrene Situation nicht mehr auf Anhieb retten, aber es wird Ihnen immer wieder gelingen, das Ärgste im letzten Augenblick zu verhindern.

12. Wie steht es um Ihre Zivilcourage?

Keiner von uns möchte als Feigling angesehen werden, weder im Sinne, daß man vor etwas davonläuft, noch in moralischer Hinsicht, daß man nicht zu seiner Meinung steht – auch wenn sie anderen widerstrebt.

Folgende Fragen und Antworten können Ihnen zeigen, ob Sie vielleicht etwas mehr zu Ihrer Überzeugung stehen und weniger auf das geben sollten, was die anderen meinen.

1. Haben Sie auf einer Versammlung – vielleicht als einzige(r) – gegen eine einstimmige Entscheidung Ihre Stimme abgegeben?
   a) vielleicht ein- oder zweimal

b) noch nie
c) schon häufig

2. Wegen einer gänzlich dummen Sache sind Sie entlassen worden. Was tun Sie zu Hause?
   a) Sie sagen nichts und suchen einen neuen Job.
   b) Sie erzählen die ganze Geschichte.
   c) Sie geben die Entlassung zu, versuchen aber, sie mit der »schlechten Geschäftslage der Firma« zu begründen.
3. Ein Freund lädt Sie zu einem Film- oder Theaterbesuch ein, in dem viel Brutalität und Entwürdigung vorkommt.
   a) Bestehen Sie darauf, das Theater/Kino zu verlassen?
   b) Halten Sie mit innerem Zorn durch, explodieren aber, sobald Sie allein sind?
   c) Verbergen Sie Ihre wirklichen Empfindungen und sagen nichts?
4. Haben Sie Ihrem Chef jemals gesagt, daß die Durchführung einer bestimmten Aufgabe für Sie nicht möglich sei, da sie Ihre Grundsätze verletze?
   a) nie
   b) vielleicht einmal
   c) öfter als einmal
5. Als Elternteil bemerken Sie, daß das Benehmen Ihrer Kinder Ihren eigenen Prinzipien widerspricht.
   a) Hoffen Sie, daß sie sich bessern und unternehmen nichts?
   b) Besprechen Sie die Vorkommnisse zu einem späteren Zeitpunkt auf ruhige, freundliche Weise mit ihnen?
   c) Stellen Sie sie sofort zur Rede, selbst, wenn es für alle Anwesenden peinlich ist und einen Familienkrach heraufbeschwört?
6. Sie haben eine gute, angenehme Stelle in einer Organisation, die Sie im tiefsten Innern für nicht ganz sauber halten.
   a) Denken Sie öfter daran zu kündigen, versuchen es aber auf die lange Bank zu schieben?
   b) Versuchen Sie, nicht darüber nachzudenken, da es Ihnen ja selbst gut geht?
   c) Verlassen Sie die Firma und sagen auch, warum?

7. Ihr Arzt vermutet eine ernstere Krankheit bei Ihnen, obwohl Sie sich wohlfühlen, und möchte eine endgültige Untersuchung durchführen.
   a) Stehen Sie alles durch?
   b) Drücken Sie sich selbst den Daumen, gehen aber trotz der Angst vor der möglichen Diagnose?
   c) Sie halten den Termin nicht ein.
8. Ein wohlhabender, aber kranker Verwandter, mit dem Sie zusammenwohnen, wendet sich immer häufiger dem Alkohol zu.
   a) Tun Sie irgend etwas dagegen?
   b) Drohen Sie mit einem Ultimatum, daß er/sie ausziehen muß, falls das Trinken nicht aufhört?
   c) Versuchen Sie, ihn/sie von der Schädlichkeit zu überzeugen?
9. Ein einflußreicher Verwandter Ihres Chefs streut unbegründete Verdächtigungen über Ihren Charakter unter der Nachbarschaft aus.
   a) Stellen Sie ihn sofort zur Rede, ohne Rücksicht auf die möglichen Folgen für Sie?
   b) Versuchen Sie, sich vor Ihrem Chef zu rechtfertigen?
   c) Geben Sie die Stelle auf und ziehen in eine andere Gegend?
10. Nach welchem Motto richten Sie sich am ehesten?
   a) »Das bessere Teil der Tapferkeit ist Vorsicht.«
   b) »Recht ist Recht, und fair ist fair.«
   c) »Halt fest an deinen Überzeugungen und scher' dich nicht um die Folgen.«

Punkteverteilung:

1. a – 5, b – 0, c – 10
2. a – 0, b – 10, c – 5
3. a – 10, b – 5, c – 0
4. a – 0, b – 5, c – 10
5. a – 0, b – 5, c – 10
6. a – 0, b – 0, c – 10
7. a – 10, b – 5, c – 0

8. a – 0 , b – 10 , c – 5
9. a – 10 , b – 5 , c – 0
10. a – 0 , b – 5 , c – 10

Testauswertung:

Wenn Sie **100 Punkte** erreicht haben, sind Sie wohl nicht ganz ehrlich mit sich selbst gewesen.

Alles **über 80 Punkte** bedeutet sehr hohe Zivilcourage, die Sie immer in bestem Licht erscheinen läßt.

Bei **70 – 80 Punkten** zeigen Sie eine Zivilcourage, die Sie über den Durchschnitt erhebt.

Zwischen **60 und 70 Punkten** sind Sie nicht mehr oder weniger zu Kompromissen bereit als jeder andere auch.

Ein Ergebnis unter 60 Punkten enthüllt Sie als jemand von größter Zaghaftigkeit. Wenn Sie jedoch **nicht einmal 40 Punkte** erreichen, fehlt Ihnen nicht nur das geringste Maß an diesem etwas schwierigen Mut, sondern Sie gehen immer den Weg des geringsten Widerstandes.

13. Sind Sie ein guter Verlierer?

Es gibt Situationen im Leben, in denen muß man etwas einstecken können. Ein Fehler ist schnell gemacht, man hat auch manchmal nicht seinen besten Tag – aber vielen Menschen fällt es schwer, ohne Zornesröte im Gesicht zuzugeben, daß es diesmal nicht so gut gelaufen ist. Mit Würde verlieren zu können, kann manchmal aber sehr wichtig sein. Wer nach einem Ausrutscher durch eine beleidigte oder aggressive Reaktion noch einen zweiten Ausrutscher landet, macht sich meistens zu Recht unbeliebt. Testen Sie, ob das auf Sie zutrifft oder nicht – aber beantworten Sie alle Fragen ehrlich!

1. Haben Sie es in Ihrer Arbeit schon einmal erlebt, daß jemand anderes Ihnen gegenüber in einer Art und Weise bevorzugt wurde, die Sie für ungerecht hielten?
   a) nein
   b) ja, mehr als einmal
   c) vielleicht einmal
2. Was ist für Sie am einfachsten:
   a) zurückzutreten, wenn jemand anderes sich auf ganz natürliche Weise als besser erweist?
   b) die Fehler anderer zu erkennen und auf sie aufmerksam zu machen?
   c) dafür zu sorgen, daß alles gerecht zugeht?
3. Was machen Sie normalerweise, wenn Sie jemand unterbricht und **Ihre** Geschichte zu Ende erzählt?
   a) Sie zucken mit den Achseln und lachen innerlich.
   b) Sie bestehen darauf, die Geschichte selbst zu Ende zu erzählen.
   c) Sie sind verstimmt, weil Sie um den Moment der allgemeinen Anerkennung betrogen wurden.
4. Wenn eine Sache, die auf irgendeine Weise »Ihre« ist (ein Fußballspiel oder das Examen Ihres Sohnes), Schiffbruch erleidet, wie reagieren Sie da normalerweise?
   a) Sie sind ernsthaft besorgt und versuchen, die Gründe dafür herauszufinden.
   b) Sie kümmern sich nicht weiter darum.
   c) Sie erfinden dafür anderen Leuten gegenüber tausend Entschuldigungen.
5. Was mögen Sie am wenigsten?
   a) einen bewußten Betrug
   b) Unzuverlässigkeit bei anderen
   c) Heuchelei
6. Wenn Sie morgen vollkommen unerwartet Ihren Arbeitsplatz verlieren würden, was wäre Ihre erste Reaktion?
   a) Bitterkeit gegenüber Ihrem Arbeitgeber

b) pure Sorge um die Zukunft
c) eine Herausforderung, der man sich stellen muß

7. In welchem Ausmaß versuchen Sie, es Ihren Nachbarn (was die sichtbaren Zeichen des Lebensstandards anbelangt) gleichzutun?
   a) überhaupt nicht
   b) nur ein kleines bißchen
   c) ein ganz schönes Stück weit
8. Glauben Sie vielleicht zu sehr an Glück oder Pech im Leben?
   a) wahrscheinlich ja
   b) definitiv nein
   c) Sie sind sich nicht sicher.
9. Was empfinden Sie am häufigsten?
   a) Neid
   b) Ungeduld
   c) das Gefühl versagt zu haben
10. Wenn Sie zufällig hören würden, wie jemand über Sie sagt, Sie seien »nicht gerade ein toller Typ«, was würden Sie von diesem Urteil halten?
   a) Sie hielten es für völlig unberechtigt.
   b) Sie könnten sich vorstellen, wie jemand zu diesem Urteil kommt, hielten es aber nicht für wirklich zutreffend.
   c) Sie hielten es für die Wahrheit.

Punkteverteilung:

1. a – 15, b – 5, c – 10
2. a – 15, b – 0, c – 5
3. a – 10, b – 5, c – 0
4. a – 5, b – 15, c – 0
5. a – 5, b – 5, c – 10
6. a – 5, b – 5, c – 15
7. a – 10, b – 5, c – 0
8. a – 5, b – 10, c – 0
9. a – 0, b – 10, c – 5
10. a – 15, b – 5, c – 0

Testauswertung:

Über 120 Punkte: Sie müssen ein sehr guter Verlierer sein – aber verstecken Sie sich nicht gleich bei jeder Niederlage!

100 – 120 Punkte: Sie sind ein ziemlich guter Verlierer und damit ein ausgeglichener, für die meisten liebenswerter Mensch. Sie schaffen es bei einer Schlappe immer, den richtigen Weg zwischen zu schneller Aufgabe und störrischem Beharren auf der eigenen Position einzuschlagen.

75 – 100 Punkte: Es ist schade, daß Sie gewöhnlich nicht mit mehr Würde verlieren, denn in Ihrem Innersten sind Sie weder ein Neidhammel noch das, was man einen »sturen Bock« nennt.

Unter 75 Punkten: Sie müssen der Tatsache ins Gesicht sehen, daß Sie normalerweise ein sehr schlechter Verlierer sind, der bei seiner Mitwelt wahrscheinlich nicht gerade beliebt ist. Was können Sie dagegen tun? Ein guter Anfang wäre es, wenn Sie versuchen würden, nicht jede Kleinigkeit sofort todernst zu nehmen.

14. Stehen Sie auf dem richtigen Platz?

Nicht auf dem richtigen Platz zu stehen, bringt oft das ganze Lebensgefüge durcheinander. Man müßte sich eben verändern. Aber ist man seiner Sache auch sicher? Der Test soll Ihnen darin behilflich sein.

Unter jedem Bild steht ein kurzer Text. Sie haben die Wahl, ihn unter drei verschiedenen Gesichtspunkten zu bewerten:

a) Sie sind der Obmann des Fremdenverkehrsvereins einer kleinen Stadt.

b) Sie sind Urlaubsgast in dieser kleinen Stadt.

c) Sie fertigen solche Zunftzeichen an, denn Sie sind Kunstschmied.

Entscheiden Sie sich also für jeweils a, b, oder c und notieren Sie die entsprechenden Punkte.

	a	b	c	
Bild 1 Kostspielig, aber auch schön	2	4	6	Punkte
Bild 2 Auch für fremdsprachige Ausländer verständlich	4	3	7	Punkte
Bild 3 Wie zu Urgroßvaters Zeiten	4	1	5	Punkte
Bild 4 Ist bei Dunkelheit sogar beleuchtet	4	6	2	Punkte
Bild 5 Eine Kunst, so etwas anzufertigen	4	2	6	Punkte

Bild A

Bild B

Bild C

Bild D

Bild E

Testauswertung:

10 – 16 Punkte: Sie stehen auf dem richtigen Platz und wissen das auch. Daß Sie manchmal etwas unzufrieden sind, ist für einen Charakter Ihrer Art eigentlich ganz normal. Wichtig ist, daß niemand ernsthaften Grund haben kann, mit Ihnen unzufrieden zu sein. Daß Sie eines Tages wahrscheinlich einen noch besseren Platz einnehmen werden, ist eine absehbare Entwicklung.

17 – 20 Punkte: Im Grunde haben Sie schon das Zeug in sich, einen besseren Platz einzunehmen. Daß Sie es noch nicht so richtig geschafft haben, mag daran liegen, daß Sie manchmal zu lange und zu viel zögern. Versuchen Sie doch einmal, Ihr Selbstvertrauen aufzurütteln. In Ihnen steckt noch manches drin.

21 – 26 Punkte: Wenn Sie manchmal das Gefühl haben, auf dem falschen Platz zu stehen, so schießen Sie damit weit über das Ziel Ihrer (vielleicht nur augenblicklichen) Möglichkeiten. Sie entwickeln ganz einfach zu wenig Initiative, und ohne diese werden Sie nie den Platz erreichen, von dem Sie träumen. Versuchen Sie, sich doch von dem Glauben zu befreien, daß man auch ohne Anstrengung und Risiko und nur mit Glück etwas erreichen kann.

23 – 30 Punkte: Sie sind ein sehr schwieriger Fall. Man darf Ihnen aber nicht die gebührende Achtung versagen. Wahrscheinlich behaupten Sie längst einen beachtlichen Platz im Leben, aber es liegt in Ihrer Art, immer einen noch besseren erobern zu wollen. Dadurch fühlen Sie sich manchmal fehl am Platz, was gar nicht stimmt.

15. Können Sie planen?

1. Wie markieren Sie in einer Notiz Zeilen, die hervorgehoben werden sollen?
   a) durch Unterstreichen
   b) durch Ankreuzen
   c) farbiges Markieren
2. Sie haben im Großmarkt eingekauft. Wissen Sie, wieviel Sie bezahlen müßen? Um wieviel Prozent verschätzen Sie sich?
   a) 10 Prozent
   b) zwanzig Prozent
   c) mehr als zwanzig Prozent
3. Was halten Sie von Leuten, die mit dem Taschenrechner einkaufen gehen?
   a) Sie können nicht Kopfrechnen
   b) Sie sind klug
   c) Sie übertreiben
4. Wissen Sie bereits am Jahresanfang, auf welche Wochentage die wichtigsten Feiertage des Jahres fallen werden?
   a) ja
   b) nein
   c) wozu?
5. Was halten Sie von Leuten, die wichtige Arbeiten bis zuletzt aufschieben?
   a) müssen Genies sein
   b) haben gute Nerven
   c) gar nichts
6. Halten Sie sich für einen pünklichen Menschen?
   a) ja
   b) nein

Punkteverteilung:

1. a – 5 , b – 4 , c – 7
2. a – 2 , b – 3 , c – 5
3. a – 5 , b – 3 , c – 0
4. a – 6 , b – 4 , c – 3
5. a – 7 , b – 5 , c – 4
6. a – 5 , b – 2

Testauswertung:

15 – 21 Punkte: Sie würden wohl richtig planen, wenn Sie manchmal nicht etwas nachlässig wären. Dadurch verderben Sie sich manche gute Chance! Bedenken Sie das!

22 – 28 Punkte: Sie planen vollkommen richtig, aber warum führen Sie dann das Geplante nicht auch konsequent durch? Oder lassen Sie sich im letzten Moment von Außenstehenden beeinflussen?

29 – 35 Punkte: Sie verstehen es ganz ausgezeichnet, Planung und Ausführung zu koordinieren, auch das kleinste Detail wird nicht übersehen. Wenn trotzdem etwas schiefgeht, ist es eben Pech!

16. Sind Sie sicher, daß Sie den richtigen Beruf haben?

Gefällt Ihnen Ihre Arbeit hundertprozentig? Sind Sie voll ausgelastet und gefordert? Entspricht die Arbeit Ihren Fähigkeiten? Vielleicht gibt die ehrliche Antwort auf diese Fragen den Anstoß für Sie, Ihr Arbeitsfeld zu wechseln.

1. Wie lange sind Sie schon an dieser Arbeitsstelle?
   a) mehr als 1 Jahr
   b) mehr als 5 Jahre
   c) zu lange

2. Wie kamen Sie an diesen Job?
   a) durch reinen Zufall
   b) durch gezieltes Vorgehen
   c) es ergab sich so
3. Wie gut kommen Sie mit Ihrem Chef aus?
   a) überhaupt nicht
   b) recht gut
   c) man arrangiert sich
4. Wenn Sie am Abend nach Hause kommen, sind Sie
   a) müde, aber nicht übermäßig
   b) müde, aber mit dem Gefühl, etwas geschafft zu haben
   c) total fertig
5) Wenn man Ihnen morgen einen neuen Job anböte, was würde Sie am meisten reizen?
   a) bessere Bezahlung
   b) verbesserte Aufstiegschancen
   c) die Aussicht auf mehr Sicherheit und höhere Rente
6. Wenn Sie erschöpft oder gelangweilt von der ermüdenden Aussicht Ihrer gegenwärtigen Arbeit sind, was tun Sie dann am liebsten?
   a) beneiden andere um ihren besseren oder angenehmeren Job
   b) träumen von einer besseren Zukunft
   c) überlegen sich ernsthaft, eine andere Stelle zu suchen
7. Abgesehen von dem Geld, das Sie verdienen, fragen Sie sich manchmal »Wozu das alles?«
   a) nie
   b) manchmal
   c) oft genug
8. Sind Sie am glücklichsten, wenn Sie sich sehen als
   a) kleines Rad in einem großen Getriebe
   b) ein großes Rad in einem kleinen Getriebe
   c) der Mann/die Frau, der/die alles in Bewegung bringt
   d) derjenige, der alles auf die Füße stellt

9. Welche Arbeit sagt Ihnen am meisten zu?
   a) Büro- oder andere Arbeit innerhalb des Hauses
   b) Arbeit an der frischen Luft
   c) Außendienst, bei dem Sie viel reisen und Leute treffen?
10. In wieweit stimmt Ihr gegenwärtiger Job mit den Antworten der Frage Nr. 9 überein?
   a) nicht im entferntesten
   b) ziemlich nahe daran
   c) mehr oder weniger genau
11. Kommen Sie schon mal in die Verlegenheit, eine Arbeit zu tun, die Sie eigentlich gar nichts angeht?
   a) recht oft
   b) nein, niemals
   c) hin und wieder
12. Was hat Ihnen Ihre Beschäftigung am ehesten eingetragen?
   a) Ich kam gerade damit über die Runden.
   b) eine beruhigende Befriedigung
   c) echten Spaß und Auftrieb

Punkteverteilung:

1. a – 5, b – 10, c – 0
2. a – 3, b – 9, c – 5
3. a – 0, b – 9, c – 6
4. a – 7, b – 10, c – 2
5. a – 3, b – 8, c – 5
6. a – 1, b – 0, c – 9
7. a – 10, b – 6, c – 2
8. a – 7, b – 8, c – 9, d – 9
9. a – 8, b – 4, c – 6
10. a – 0, b – 1, c – 10
11. a – 2, b – 10, c – 5
12. a – 2, b – 7, c – 10

Testauswertung:

Über 100 Punkte: Seien Sie zufrieden, Sie haben den richtigen Job. Sie waren klug (oder haben Sie Glück gehabt?), sich für die richtige Laufbahn zu entscheiden.

Zwischen 80 und 99 Punkten: Im Moment scheinen Sie den richtigen Job zu haben. Was aber nicht ausschließt, daß Sie nicht doch noch einen anderen Weg einschlagen.

Zwischen 50 und 79 Punkten: Die Arbeit sagt Ihnen nicht ganz zu – oder? Aber vielleicht sind Sie einer von jenen, die zufrieden sind, mit dem, was sie haben. Warum sich dann also Sorgen machen?

Zwischen 25 und 49 Punkten: Sie haben ganz eindeutig den falschen Beruf! Und je eher Sie wechseln, desto besser für Sie und Ihre Umgebung!

17. Vergessen Sie Ihren I.Q.! – Wie steht es mit Ihrem P.Q.?

Ihren I.Q. zu testen ist ein alter Hut. Das Ergebnis ist nicht ganz zuverlässig, und Sie werden kaum etwas darüber erfahren, was für ein Mensch Sie sind.

Dies hier ist ein neuartiger Test, mit dem Sie Ihren Persönlichkeits-Quotienten, den sogenannten P.Q., finden können. Der Test basiert auf gesicherten psychologischen Erkenntnissen, die kürzlich in Amerika ausgearbeitet wurden, um nicht isoliert Ihre geistige Intelligenz zu messen, sondern um Ihre Persönlichkeit einzuschätzen und herauszufinden, wie erfolgreich Sie als Mensch und soziales Wesen sind.

Wenn Sie den Geist der Fragen erfassen – und sie aufrichtig beantworten, erhalten Sie Ihren wahren P.Q.. So können Sie Ihr Erfolgspotential im Lebensalltag ermitteln.

Sie brauchen sich nur für eine Antwort auf jede Frage zu entscheiden und die Zahl dahinter anzukreuzen.

1. Wie zuversichtlich sind Sie, bis zum Ende dieses Tests zu kommen?

nicht sehr	*30 Punkte*
vollkommen	*91 Punkte*
einigermaßen	*57 Punkte*
unsicher	*22 Punkte*

2. Was brachte Sie dazu, sich diesen Test anzusehen und ihn auszuprobieren?

Interesse am Thema	*89 Punkte*
Neugier	*78 Punkte*
Langeweile	*21 Punkte*
Sie mußten einfach Zeit totschlagen.	*26 Punkte*

3. Was macht Ihnen am meisten Spaß?

Fragebögen ausfüllen	*30 Punkte*
bei Fragespielen mitmachen	*44 Punkte*
eher Fragen stellen als beantworten	*80 Punkte*
an psychologischen Tests wie diesen mitmachen	71 Punkte

4. Wie schätzen Sie Veränderungen ein?

gut	*78 Punkte*
sogar sehr gut	*62 Punkte*
unvermeidlich	*23 Punkte*
nicht immer vorteilhaft	*35 Punkte*

5. Was geschieht gewöhnlich, wenn Sie anfangen, etwas Neues zu lernen?

Sie halten nicht durch und geben auf.	*19 Punkte*
Alles in allem kommen Sie gut zurecht.	*82 Punkte*
Sie tun sich schwer, aber Sie schaffen es.	*74 Punkte*
Sie rechnen mit Schwierigkeiten, die dann nicht immer auftreten.	*63 Punkte*

6. Sind Sie in Ihrem Leben auf Erfolgskurs?

Sie hoffen es.	*47 Punkte*
Sie glauben: ja	*41 Punkte*
ganz bestimmt, gar kein Zweifel	*79 Punkte*
ja	*72 Punkte*

7. Wieviele Freundschaften haben Sie in den letzten zwei Jahren geschlossen?

keine	*20 Punkte*
nur eine	*63 Punkte*
mehr als drei	*77 Punkte*
zwei oder drei	*85 Punkte*

8. Was wünschen Sie Ihren Kindern am meisten?

glücklich zu sein	*75 Punkte*
Rechtschaffenheit	*52 Punkte*
Liebe	*59 Punkte*
Gesundheit	*68 Punkte*

9. Wenn Sie die Wahl hätten, wie wären Sie gern finanziell gestellt?

unverändert, wie jetzt	*44 Punkte*
sehr reich	*37 Punkte*
reich	*61 Punkte*
wohlhabend	*71 Punkte*

10. Wenn Sie auf Ihr bisheriges Leben zurückblicken und Resümee ziehen, was gibt Ihnen heute die größte Befriedigung?

materielle Dinge, auf die Sie freiwillig verzichtet haben	*55 Punkte*
materielle Annehmlichkeiten, die Sie sich geleistet haben	*50 Punkte*
Menschen	*79 Punkte*
Tiere	*41 Punkte*

11. Sind Sie mit Ihrem bisherigen Leben zufrieden?

alles in allem, ja	*80 Punkte*
überhaupt nicht	*17 Punkte*

teils teils *39 Punkte*
ja, sehr *73 Punkte*

12. Was für ein Mensch sind Sie?

zukunftsorientiert *76 Punkte*
jemand, der nur für das Heute lebt *62 Punkte*
ein Optimist, der versucht, aus Fehlern zu lernen *79 Punkte*
mehr der Vergangenheit zugewandt *39 Punkte*

Zählen Sie jetzt die angekreuzten Zahlen zusammen und teilen Sie die Summe durch zwölf. Sie erhalten eine Durchschnittsquote in Prozenten. (Niemand erreicht hundert Prozent – nicht in dieser unvollkommenen Welt!)

Hier haben Sie Ihren P.Q.:

Über 75 Punkte: Dieser Wert enthüllt einen Egoisten, dessen Eitelkeit in die Schranken gewiesen werden muß.

70 – 75 Punkte: Hier befinden Sie sich in der Idealgruppe. Sie weisen eine ruhige, ausgeglichene und mutige Persönlichkeit auf, die das Leben voll auskostet, ihr Bestes gibt und das Maximum aus ihrem Leben herausholt.

60 – 70 Punkte: Ein guter Durchschnitts-P.Q.!

40 – 60 Punkte: Eher unter dem Durchschnitt.

18. Wie sehen die anderen Sie?

Ein Psycho-Spiel für Leute, die mit sich selbst ehrlich sind.

Fragen Sie sich manchmal, wie andere Menschen Sie sehen? Ob sie Sie wirklich mögen?

Wenn ja, dann versuchen Sie, die folgenden Fragen zu beantworten. Sie basieren auf gesicherten psychologischen Erkenntnissen und vermitteln Ihnen eine gute Vorstellung von Ihrer persönlichen Beliebtheit.

Antworten Sie einfach auf jede Frage mit einem ehrlichen JA oder NEIN.

1. Empfangen Sie gern Gäste?
2. Fühlen Sie sich schnell deprimiert, wenn etwas schiefläuft?
3. Hören Sie gern Klatsch?
4 Leihen Sie sich oft etwas aus?
5. Genießen Sie es, allein zu essen?
6. Geben Sie Ihren Ansichten immer offen Ausdruck?
7. Neigen Sie zum Schmollen?
8. Kommt es regelmäßig vor, daß Sie Versprechen nicht halten?
9. Sprechen Sie gern über Ihre Hoffnungen und Probleme?
10. Wenn Sie Dinge und Ereignisse beschreiben, gehen Sie dabei sehr ins Detail?
11. Neigen Sie dazu, von Leuten nichts zu halten, die einen anderen Geschmack bei Sport, Musik, Büchern usw. haben?
12. Haben Sie etwas dagegen, daß man Ihnen Streiche spielt?
13. Sind Sie eher unpünktlich?
14. Finden Sie es albern, wenn Leute mittleren Alters sich verlieben?
15. Fühlen Sie sich Ihren zwei besten Freunden (Freundinnen) irgendwie überlegen?
16. Sind Sie stolz darauf, daß Sie im Umgang mit Menschen absolut ehrlich sind?
17. Haben Sie Kinder wirklich gern – die anderer Leute, nicht Ihre eigenen?
18. Kommt es vor, daß Sie anderen Leuten Kritisches ins Gesicht sagen?
19. Gibt es mehr als fünf Leute, die Sie überhaupt nicht ausstehen können?
20. Wenn Sie eine Pechsträhne haben, sind Sie dann über das Glück Ihrer Freunde hundertprozentig froh?

Das sind die richtigen Antworten, was Beliebtheit angeht. Prüfen Sie, wieviele Sie richtig haben:

1. ja	11. nein
2. nein	12. nein
3. ja	13. nein
4. nein	14. nein
5. nein	15. nein
6. nein	16. nein
7. nein	17. ja
8. nein	18. nein
9. ja	19. nein
10. nein	20. ja

Je mehr Antworten Sie richtig haben, um so mehr Leute werden Sie sympathisch finden.

Aber glauben Sie nicht, daß Sie unbeliebt sind, außer Sie haben **neun oder weniger** richtige Antworten.

Jedes Ergebnis **über 15** ist sehr erfreulich, und ein Ergebnis **zwischen 10 und 15** zeigt, daß Sie viele liebenswerte Eigenschaften haben, die Sie ausbauen sollten.

Und jetzt stellen Sie diese Fragen einmal Ihren Freunden!

19. Sind Sie selbstkritisch?

Sie kennen doch sicher eine Menge Leute, die alles, was sie tun und lassen, einfach großartig finden. Ob nun die Bratkartoffeln angebrannt schmecken oder die selbst tapezierte Wand wie eine abgeregnete Plakatsäule aussieht, ihr Werk und Handeln steht über jeder auch noch so geringen Kritik. Das Schlimme ist, daß diese Menschen gar nicht wissen, daß ihnen die wichtige Eigenschaft der gesunden Selbstkritik fehlt.

Wie sieht es damit bei Ihnen aus? Der vorliegende Test soll Sie auf den verschlungenen Pfad psychischer Selbsterkenntnis führen.

Ehe Sie nun beginnen, schauen Sie sich erst einmal das Bild Nr. F genau an. Haben Sie es sich genau eingeprägt, dann decken Sie es zu. Die dazugehörige Frage erscheint als letzte.

Zu den übrigen fünf Bildern gehört jeweils eine Frage und drei zur Auswahl stehende Antworten.

Bild A

Bild A

Bei einer Werbevorführung werden Sie eingeladen, eine neue Holzbearbeitungsmaschine auszuprobieren. Ihr Versuch gelingt geradezu großartig. Wie reagieren Sie?

a) Bitten Sie, es noch einmal probieren zu dürfen? *5 Punkte*
b) Glauben Sie, daß es Zufall war? *7 Punkte*
c) Nehmen Sie an, daß es jeder zustande bringt? *9 Punkte*

Bild B

Bild B

Drei Personen, darunter Sie selbst, schätzen die Fahrgeschwindigkeit dieses Bootes. Die Überprüfung ergibt, daß Ihre Schätzung der Wahrheit am nächsten kam. Die anderen beiden halten es aber für einen bloßen Zufall und verlangen eine Wiederholung.

a) Wetten Sie eine Flasche Sekt, daß Sie wieder richtig schätzen werden? *8 Punkte*

b) Lehnen Sie einfach ab? *6 Punkte*

c) Sind Sie einverstanden? *4 Punkte*

Bild C

Bild C
Was ist das?

a) ein Schneeräumgerät — 6 Punkte
b) eine landwirtschaftliche Maschine — 10 Punkte
c) Ich weiß es nicht. — 8 Punkte

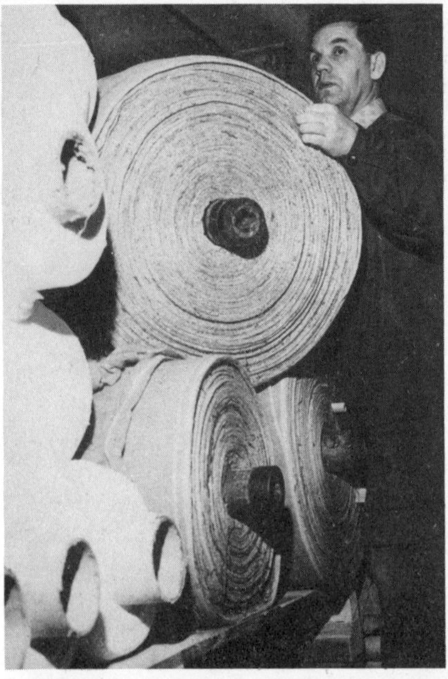

Bild D

Bild D

Trauen Sie sich zu, den hier abgebildeten Stoffballen zu heben?

a) ja *8 Punkte*

b) nein *6 Punkte*

c) Es käme auf den Versuch an. *4 Punkte*

Bild E

Bild E

Von den hier abgebildeten Anhängern sollen Sie sich zwei aussuchen. Welche wählen Sie?

a) oval und rund *6 Punkte*

b) zwei ovale *9 Punkte*

c) zwei runde *7 Punkte*

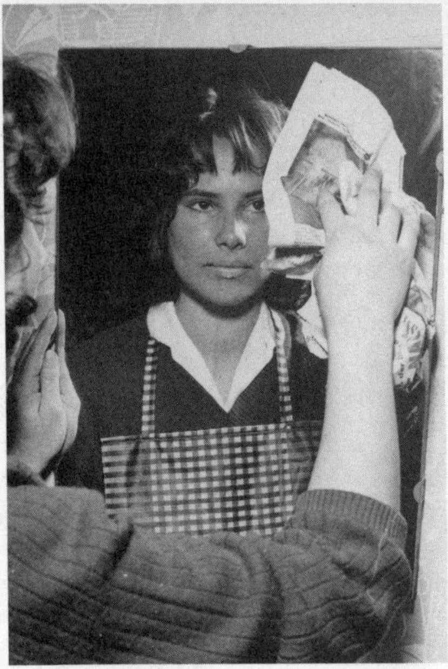

Bild F

Bild F

Lassen Sie es weiterhin zugedeckt (nicht mogeln!). Hat das abgebildete Mädchen um den Hals einen Anhänger, und welche Form hat er?

a) rund *10 Punkte*

b) oval *8 Punkte*

c) hat keinen *5 Punkte*

Testergebnis:

30 – 35 Punkte: Ihr gesundes Maß an Selbstkritik ist geradezu bewundernswert. Manchmal neigen Sie fast dazu, zu kritisch gegen sich selbst zu sein, aber glücklicherweise nur in belanglosen Dingen. Wo es darauf ankommt, schätzen Sie sich völlig richtig ein.

36 – 41 Punkte: Ihre Selbstkritik hat in gewissen Fällen etwas geradezu Selbstzerfleischendes an sich. Warum eigentlich? Wenn Sie nachdenken, werden Sie wohl dahinterkommen, daß Sie noch niemals schwerwiegende Dummheiten gemacht haben. Stärken Sie also ruhig ein bißchen Ihr Selbstvertrauen.

42 – 48 Punkte: Man kann Ihnen bestimmt nicht vorwerfen, daß es Ihnen an Selbstkritik mangelt. Manchmal freilich neigen Sie dazu, sich in etwas hineinzusteigern und dann berauschen Sie sich am Gefühl der eigenen Vollkommenheit. Dem dann immer folgenden seelischen Katzenjammer könnten Sie in Zukunft entgehen, wenn Sie Ihre sieghaften Gefühle rechtzeitig etwas zügelten.

49 Punkte und darüber: Gibt es etwas, von dem Sie nichts verstehen oder das Sie nicht könnten? Hand aufs Herz: Haben Sie die Fragen wirklich ernsthaft beantwortet? Oder haben Sie sich einen Spaß gemacht? Es scheint einfach unmöglich, daß sich ein Mensch mit so wenig selbstkritischem Dasein zu so einem Test herabläßt.

20. Können Sie über sich selbst lachen?

1. Bei dem Versuch, einen kleineren Wasserlauf zu überqueren, fallen vier Reiter hintereinander ins Wasser. Als sie sich wieder erholen, versucht jeder, etwas Witziges zu sagen. Welcher hat Ihrer Meinung nach aber am wenigsten Humor?
   a) 1. Reiter sagt: »Ich weiß nicht, warum Sie mir alles nachmachen müssen, meine Herren.«
   b) 2. Reiter sagt: »Ein Glück, daß ich eine warme Jacke anhabe, das Wasser ist ziemlich kalt.«
   c) 3. Reiter sagt: »Ich hoffe, Sie anerkennen, daß ich mich stets bemühe, nicht aus der Reihe zu tanzen.«

d) 4. Reiter sagt: »Immerhin haben wir alle bewiesen, daß wir nicht wasserscheu sind.«

2. Ein Bekannter geht Ihnen mit seinem ständigen Prahlen über seine finanziellen Erfolge auf die Nerven. Was sagen Sie, um ihm das abzugewöhnen?
   a) »Könntest du mir nicht tausend Mark borgen? Ich bin im Augenblick in argen Schwierigkeiten.«
   b) »Wenn es mir so gut ginge wie dir, würde ich mir meine Pfeife nur mit Banknoten anstecken.«
   c) »Ich freue mich, daß es dir gut geht. Meine anderen Freunde pumpen mich immer nur an.«
   d) »Es ist schön von dir, daß du mit mir armen Schlucker immer noch verkehrst.«

3. Ein großer Hund verfolgt eine Katze, diese flüchtet auf eine Bachweide, verfehlt aber einen Ast und fällt ins Wasser. Der Hund in seinem wütenden Eifer rutscht von der Uferböschung und fällt auch ins Wasser. Wer möchten Sie lieber sein?
   a) der Hund
   b) die Katze

4. Ein Freund will Ihnen einen Schabernack spielen und schickt Ihnen ein offiziell aussehendes Schreiben, demnach sie eine Million gewonnen hätten. Sie erfahren aber rechtzeitig von dem Schwindel. Wie verhalten Sie sich?
   a) Ich leite das Schreiben mit dem Vermerk »nicht angenommen« an ihn zurück.
   b) Ich reagiere überhaupt nicht, das ärgert ihn wohl am meisten.
   c) Ich lade ihn in ein Schlemmerlokal ein, zeige ihm mit gespielter Begeisterung den Brief und lasse ihn dann mit der Rechnung sitzen.
   d) Ich schreibe ihm, daß ich nun nicht mehr mit armen Leuten verkehren könne, da ich Millionär geworden sei.

5. Am Morgen, nachdem es die ganze Nacht geschneit hatte, schaufeln Sie Ihr Auto aus. Als die gröbste Arbeit verrichtet

ist, merken Sie, daß es gar nicht das Ihre ist. Da kommt auch schon der Besitzer und fährt Sie an: »Was machen Sie sich an meinem Auto zu schaffen?« Welche Antwort würden Sie sinngemäß am ehesten geben?

a) »Ich wollte mir ein Trinkgeld verdienen.«
b) »Autoausschaufeln ist mein Morgensport.«
c) »Pardon. Ich werde den Schnee gleich wieder zurückschaufeln.«
d) »Wenn ich Sie wäre, hätte ich gewartet, bis der Trottel den Wagen ganz ausgeschaufelt hat!«

6. Welchen Zeitabschnitt Ihres Lebens möchten Sie – wenn das möglich wäre – am liebsten noch einmal erleben?
a) Schulzeit
b) erste Liebe
c) erster Krach mit dem Vater
d) ich weiß nicht recht

7. Ein kahlköpfiger Mann kauft einen Kamm. »Für eine Dame oder einen Herren?« fragt die Verkäuferin. »Das sehen Sie doch wohl«, erhält sie zur Antwort. Aber wie soll sie das verstehen?
a) natürlich für eine Dame, der Mann braucht ja wohl keinen
b) für einen Herrn, denn der Käufer ist ja ein Mann.

8. Ein bildhübsches Mädchen stürzt am Bahnhof auf einen attraktiven älteren Herrn zu und ruft: »Fein, daß du mich abgeholt hast, Papa!« Der Herr hat das Mädchen noch nie gesehen. Was soll er antworten?
a) »Jetzt möchte ich nur noch deine Mutter kennenlernen!«
b) »Du hast dich wirklich sehr verändert, Liebling!«
c) »Die Kurzsichtigkeit hast du aber nicht von mir!«
d) »Leider kommst du 20 Jahre zu spät, schönes Kind!«

Punkteverteilung:

1. a – 5 , b – 1 , c – 4 , d – 3
2. a – 5 , b – 1 , c – 2 , d – 4
3. a – 1 , b – 4
4. a – 0 , b – 3 , c – 1 , d – 4
5. a – 3 , b – 1 , c – 2 , d – 4
6. a – 0 , b – 1 , c – 4 , d – 2
7. a – 4 , b – 0
8. a – 1 , b – 3 , c – 4 , d – 5

Testergebnis:

5 – 9 Punkte: Sie und über sich lachen? Das ist wirklich zum Lachen! Sie haben den Humor eines verwitterten Grabsteins, und wenn Sie überhaupt je lachen, dann doch wohl nur über andere! Sollten Sie jetzt aber über Ihr Testergebnis lächeln, dann sind Sie immerhin schon auf dem Weg der Besserung.

10 – 16 Punkte: Sie meinen, Sie hätten nur selten Grund, über sich selbst zu lachen? Nun, eine so traurige Erscheinung sind Sie aber wirklich nicht! Halten Sie sich doch einmal einen seelischen Spiegel vor, und Sie werden manches erkennen, das zum Lachen ist. Und jetzt schauen Sie nicht gleich wieder so böse drein!

17 – 23 Punkte: Sie haben es erfaßt: Auch wenn man einmal ungewollt zur Zielscheibe des Spottes wird und darüber innerlich vor Zorn grün und blau anläuft, muß man nach außen hin kräftig mitlachen. Im Grunde beweist das zwar, daß man über sich selbst nicht wirklich lachen kann, aber wer bemerkt das schon?

24 – 29 Punkte: Sie können wirklich über sich selbst lachen. Sie scheinen sogar die Fähigkeit zu haben, auch dann über sich zu lachen, wenn gar kein Grund da ist. Lachen Sie dann aber nicht zu laut, es könnte sonst vorkommen, daß Sie der einzige sind, der über Sie lacht. Und das wäre dann weniger Grund zum Lachen.

30 – 35 Punkte: Sie haben völlig recht: Das einzige Mal, wo es sich wirklich lohnt zu lachen, ist wenn man hin und wieder über sich selber lacht. Die anderen alle sind doch eher traurige Figuren, für die sich eher ein mitleidiges Lächeln lohnt. Und so sollte man ihnen auch den Spaß gönnen, nur über andere lachen zu können.

21. Sind Sie leicht reizbar?

Vielleicht sind Sie viel empfindsamer als Sie glauben? Um herauszufinden, wie leicht Sie irritiert werden, decken Sie die Antworten auf der folgenden Seite zu und kreuzen Sie ehrlich die Antworten a oder b an, ehe Sie nachschauen.

1. a) Macht es Ihnen etwas aus, wenn die Leute Ihnen persönliche Fragen stellen?
   b) Oder glauben Sie, daß Sie nichts zu verheimlichen haben?
2. a) Nehmen Sie keinen Anstoß daran, wenn Leute an Ihren Worten zweifeln?
   b) Oder meinen Sie, daß es ein Zeichen von »Beschränktheit« dieser Leute ist?
3. a) Angenommen, ein Mensch, den Sie kennen, zeigt Ihnen die kalte Schulter – würden Sie das mit einem Achselzucken übergehen?
   b) Oder würden Sie sich hoch und heilig geloben, niemals wieder mit dem oder der Betreffenden zu sprechen?
4. a) Können Sie einen Menschen ertragen, der Ihnen immer seine Meinung aufzwingen will?
   b) Oder machen solche Menschen Sie wütend?
5. a) Macht es Ihnen viel aus, wenn Leute Sie manchmal unterbrechen, während Sie reden?
   b) Oder machen Sie sich darüber keine Gedanken?
6. a) Können Sie sich über Leute amüsieren, die einfach so »daherschwätzen«?
   b) Oder irritieren solche Menschen Sie über alle Maßen?

7. a) Können Sie solche Typen ertragen, die glauben, zu jeder Zeit den Komiker spielen zu müssen?
   b) Oder machen Sie kein Geheimnis aus der Tatsache, daß Sie diesen Menschen gar nicht komisch finden?

8. a) Können Sie konstruktive Kritik ertragen?
   b) Oder meinen Sie, die Leute sollten sich um ihre eigenen Angelegenheiten kümmern?

9. a) Wenn Sie jemand in einer »Schlange« vorwärtsstößt, machen Sie sich dann in unmißverständlicher Weise bemerkbar?
   b) Oder ertragen Sie es lächelnd?

10. a) Hassen Sie große Menschenansammlungen?
    b) Oder haben Sie Spaß daran, sich unter die »große Masse« zu mischen?

Punkteverteilung:

Geben Sie sich für jede richtige Antwort 5 Punkte:

1a, 2a, 3a, 4a, 5b, 6a, 7a, 8a, 9b,10b.

Die Höchstpunktzahl beträgt 50 Punkte.

Testauswertung:

40 – 50 Punkte: Wenn sie **ehrlich** eine solche Punktzahl erreicht haben, sind Sie zweifellos ausgeglichen und nicht leicht zu irritieren.

25 – 35 Punkte: Sie neigen dazu, manchmal etwas empfindlich und reizbar zu sein.

20 Punkte und weniger: Sie sind tatsächlich zu empfindlich. Das ist weder für Sie, noch für Ihre Mitmenschen ein angenehmer Zustand.

22. Sind Sie leicht aus der Ruhe zu bringen?

Vielleicht halten Sie sich für den sprichwörtlichen »Felsen in der Brandung«? Machen Sie diesen Test, dann werden Sie gleich sehen, ob es stimmt!

Wir laden Sie ein, bei der auf den Bildern dargestellten Arbeit – es geht um Schilfschneiden – mitzumachen. Sie dürfen sich Ihren Arbeitsplatz selbst aussuchen. Allerdings müssen Sie ihn dreimal wechseln.

Welche drei unter den Bildern erläuterten Arbeiten wollen Sie also ausführen? Zählen Sie diese Punkte zusammen. Die Punkte der beiden nichtgewählten Arbeiten ziehen Sie von denen der ausgewählten ab. Die Restpunktzahl ergibt das Testergebnis.

Bild A

Bild A:
Über diesen Steg wird das Schilf zum Sammelplatz getragen. *4 Punkte*

Bild B

Bild C

Bild D

Bild E

Bild B:
Hier wird das Schilf geschnitten. *6 Punkte*

Bild C:
Hier wird das Schiff zusammengetragen. *8 Punkte*

Bild D:
Hier wird das Schilf gebündelt. *10 Punkte*

Bild E:
Die Schilfbündel werden gestapelt. *8 Punkte*

Testergebnis:

16 Punkte: Kleinigkeiten, die die meisten Menschen aus der Ruhe bringen und durcheinanderrütteln, können Ihnen so gut wie gar nichts anhaben. Man könnte Sie darum direkt beneiden. Daß Sie bei großen Ereignissen aus der Ruhe gebracht werden, ist normal und natürlich.

12 Punkte: Es muß schon ein leichter Donnerschlag sein, der Sie aus der Ruhe bringt. Und auch dann werden Sie sich sehr schnell wieder in der Gewalt haben. Man muß Ihnen zu Ihrer Einstellung unbedingt gratulieren, denn Sie haben sich richtig erzogen.

8 Punkte: Es kommt gewissermaßen auf Ihre Tagesverfassung an, ob Sie wegen jeder Kleinigkeit aus der Ruhe zu bringen sind. Im großen und ganzen haben Sie sich aber in der Gewalt und zeigen es meistens nicht, wenn Sie innerlich »überkochen«.

4 Punkte: Es gehört nicht viel dazu, Sie aus der Ruhe zu bringen. Genau genommen sind Sie es aber selber, der sich aus der Ruhe bringt. Es scheint manchmal, daß Sie auf solche Gelegenheiten geradezu warten.

0 Punkte: Hoffentlich bringt es Sie jetzt nicht aus der Ruhe, wenn wir Ihnen sagen, daß Sie mitunter sehr leicht aus der Ruhe zu bringen sind? Glücklicherweise finden Sie aber schnell wieder zur inneren Ruhe zurück.

23. Sind Sie frei und aufgeschlossen?

Bewegen Sie sich auf ausgefahrenen Geleisen? Sind Sie in der Tradition verhaftet? Oder haben Sie die Fesseln abgeschüttelt, um auf Ihre eigene Weise und frei von der Vergangenheit zu leben? Befreit von der Vergangenheit?

Machen Sie diesen Test, und stellen Sie fest, ob Sie wirklich zu den befreiten Menschen zählen.

1. Wo ist Ihrer Ansicht nach der Platz der Frau?
   a) in der Küche
   b) im Schlafzimmer
   c) im Hintergrund
   d) dort, wo sie sein möchte

2. Wie sieht in Ihren Augen ein Mann aus, der einen Kinderwagen schiebt?
   a) Er steht unter dem Pantoffel.
   b) albern
   c) interessant
   d) irgendwie verloren
3. Glauben Sie, daß der Mann den ersten Schritt in Richtung Schlafzimmer machen sollte?
   a) immer
   b) meistens
   c) etwa zur Hälfte
   d) weniger als die Hälfte
4. Frage an *Ihn:*

   Was würden Sie empfinden, wenn ein Mädchen Sie anruft und um ein Treffen bittet?
   a) Sie wären begeistert – solange Sie für das Mädchen schwärmen.
   b) Sie fühlten sich geschmeichelt, aber etwas verlegen.
   c) Sie wären schockiert.

   Frage an *Sie:*

   Was erwarten Sie, wenn ein Mann Sie nach Hause fährt?
   a) Sie glauben, daß er sich mit Ihnen unterhalten möchte, wenn er den Motor abstellt.
   b) Wenn er den Motor abstellt, wird er nur aussteigen, um Sie zur Tür zu begleiten.
   c) Wenn er den Motor abstellt, wird er einen Annäherungsversuch machen.
5. Meinen Sie, daß eine Mutter arbeiten gehen sollte?
   a) wenn sie das möchte
   b) nein, wenn sie keinen guten Grund hat
   c) nicht, bis ihre Kinder herangewachsen sind
6. Frage an *Ihn*:

   Welche der folgenden Frauen möchten Sie am liebsten kennenlernen?
   a) Sophia Loren

b) Margaret Thatcher
c) Meryl Streep

Frage an *Sie*:
Welchen der folgenden Männer möchten Sie am liebsten kennenlernen?
a) Burt Reynolds
b) Ronald Reagan
c) Al Pacino

7. Meinen Sie, daß Männer ihre Gefühle zeigen sollten?
   a) ja, frei und offen
   b) nur unter bestimmten Umständen
   c) nur in der Einsamkeit
   d) nie

8. Wenn Ihr kleiner Lieblingsneffe sagt, daß er sich zum Geburtstag eine Mädchenpuppe wünscht, was würden Sie empfinden?
   a) Sie wären schockiert.
   b) Sie wären beunruhigt.
   c) Sie wären amüsiert.
   d) Sie wären nachsichtig und würden ihm eine hübsche Puppe kaufen.

9. Frage an *Ihn*:
   Wann haben Sie zuletzt eine Mahlzeit gekocht?
   a) vor ein paar Tagen
   b) vor ein paar Wochen
   c) irgendwann in den letzten Jahren
   d) nie

   Frage an *Sie:*
   Wann haben Sie sich zuletzt als Tischler, Klempner oder Elektriker betätigt?
   a) vor ein paar Tagen
   b) vor ein paar Wochen
   c) irgendwann in den letzten Jahren
   d) nie

10. Wie beurteilen Sie Ihre Mutter?
   a) Sie ist (war) eine gute Ehefrau und Mutter.
   b) Sie ruinierte Ihren Vater.
   c) Sie ist (war) Fußabtreter für die ganze Familie.
11. Wie oft kommt Ihnen eine lebhafte Szene, ein Duft oder ein Klang aus Ihrer Kindheit in den Sinn?
   a) täglich
   b) mindestens einmal in der Woche
   c) alle paar Monate einmal
   d) noch seltener
12. Wann haben Sie und Ihr Partner zuletzt etwas Neues im Bett ausprobiert?
   a) in den letzten vierzehn Tagen
   b) in den letzten drei Monaten
   c) im letzten Jahr
   d) vor mehr als einem Jahr
13. Frage an *Ihn*:
   Wann wären Sie am meisten geschmeichelt? Wenn Sie hörten, daß eine Frau Sie beschrieb als
   a) einen netten, aufgeschlossenen Menschen, mit dem man gut einen Abend verplaudern kann.
   b) sexy
   c) höflich
   d) liebenswürdig

   Frage an *Sie:*
   Wie müßte ein Mann Sie beschreiben, damit Sie sich geschmeichelt fühlen?
   a) mütterlich
   b) sexy
   c) erfahren
   d) sanft
14. Was möchten Sie am liebsten sein?
   Frage an *Ihn:*
   a) kreativ

b) reich
c) erfolgreich
d) geliebt

Frage an *Sie:*
a) künstlerisch
b) reich
c) geliebt
d) erfolgreich

15. Wen möchten Sie am liebsten als Vorgesetzten haben?
    a) einen Mann, der besser ist als Sie
    b) eine Frau, die besser ist als Sie
    c) einen Menschen, der besser ist als Sie
    d) sich selbst

Punkteverteilung:

zu	a	b	c	d	Punkte
1.	0	0	0	9	
2.	0	3	9	6	
3.	0	3	9	3	
4.	10	5	0		
5	10	5	0		
6.	0	10	5		
7.	9	6	3	0	
8.	0	3	6	9	
9.	9	6	3	0	
10.	0	5	10		

zu	a	b	c	d	Punkte
11.	0	3	6	0	
12.	9	6	3	0	
13.	6	0	3	9	
14.	6	3	0	9	
15.	0	3	6	9	

Auswertung:

120 und mehr Punkte: Sie sind nicht wirklich frei. Sie glauben nur, daß Sie es sind. Sie sind allem ergeben, was irgendwie neu und modisch ist, ganz gleich, ob es eine Verbesserung alter Werte bedeutet oder nicht. Das ist ebenso geistlos wie das Festhalten an alten Ideen, die ihre Zweckmäßigkeit überlebt haben. Also gratulieren Sie sich nicht selbst, sondern fangen Sie an nachzudenken.

70 – 119 Punkte: Glückwunsch! Sie haben die Fesseln der Vergangenheit abgestreift und führen ein befreites Leben. Sie treffen Ihre eigenen Entscheidungen. Und genau das versteht man unter wirklicher Freiheit.

0 – 69 Punkte: Wo haben Sie sich denn versteckt gehalten. Keine Angst, Sie werden nicht in die Brigade »Neu-ist-schön« eingegliedert werden. Aber Sie könnten Ihren Verstand ein wenig öffnen und etwas frischen Wind hineinblasen lassen. Dann wehen vielleicht viele Arten von neuen und aufregenden Dingen mit hinein.

24. Sind Sie leicht in Versuchung zu führen?

Hoffentlich nicht! Wenn doch, dann kann sich das ja in Zukunft noch zu Ihren Gunsten ändern.

Testaufgabe:

Suchen Sie zwei Bilder aus, die Ihrer Meinung nach vom Inhalt her absolut konträr sind. Zählen Sie die Punkte dieser beiden Bilder zusammen und ziehen Sie die Summe von der Punktsumme der übrigen drei Bilder ab.

Bild A: 2 Punkte
Bild B: 3 Punkte
Bild C: 4 Punkte
Bild D: 2 Punkte
Bild E: 3 Punkte

Bild A

Bild B

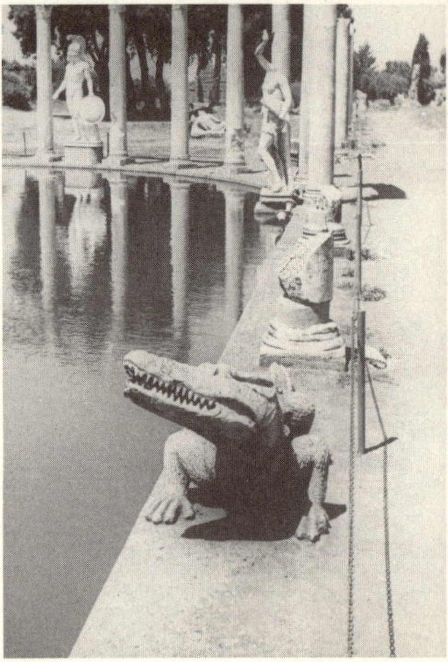

Bild C

Bild D

Bild E

Testergebnis:

0 Punkte: Sie werden wohl kaum jemals damit konfrontiert, in Versuchung geführt zu werden. Denn entweder wissen Sie von vornherein, daß Sie dieser oder jener Versuchung nicht nachgeben dürfen, dann scheiden für Sie alle hinführenden Faktoren aus, oder aber es besteht keine Ursache für Sie, etwas zu meiden, und dann bedarf es ja keiner Versuchung. In kurzen Worten: Sie haben einen festgefügten Standpunkt, Sie wissen, »was Sie dürfen« und was nicht. Kein Wunder, daß man Sie um Ihre Lebensart manchmal beneidet.

2 Punkte: Es ist so gut wie unmöglich, Sie in Versuchung zu führen, denn wenn Sie einmal einen Standpunkt bezogen haben, dann bringen Sie keine zehn Rösser von diesem ab. Manche Leute sagen Ihnen darum auch eine gewisse Sturheit nach, was aber übertrieben ist. Sie haben eben »nur« einen eisernen Willen. Mitunter hat sich dieser aber auch schon gegen Sie selbst gekehrt, und vielleicht hat es Ihnen sogar schon leid getan, daß Sie sich nicht haben in Versuchung führen lassen.

4 Punkte: Es ist nicht ganz leicht, Sie in Versuchung zu führen, aber wenn es jemand darauf anlegt, kann es mitunter schon gelingen. Sie selbst dürfen von dem Vorhaben freilich nichts merken, denn sonst schalten Sie auf »stur«. Ist dieses Stadium einmal erreicht, würden Sie sich nicht mehr in Versuchung führen lassen, komme, was da wolle! Vielleicht sollten Sie sich manchmal überlegen, wann Sie in Versuchung geführt sein möchten und wann nicht. Es würde Ihnen manchen inneren Zwiespalt ersparen!

6 Punkte: Man kann Sie verhältnismäßig leicht in Versuchung führen. Manchmal warten Sie vielleicht sogar darauf und ärgern sich, wenn es niemand versucht. Warum soviel Umstände? Wenn Sie gerne etwas tun oder genießen möchten, dann bauen Sie sich doch nicht selber unnötige Schranken auf. Sie müssen sich nur von vornherein Klarheit verschaffen, dann brauchen Sie sich nachher keinen Reuegefühlen hinzugeben. Oder tun Sie das etwa gerne? Macht es Ihnen Vergnügen, sich besiegen zu lassen?

25. Sind Sie streßgefährdet?

Beinahe jeder zweite ist das heute. Aber manche verstehen es geschickt, dem Streß auszuweichen. Und Sie?

1. In ihrer Gegenwart geraten zwei Kollegen in Streit . . .
   a) Da versuche ich zu schlichten.
   b) Was geht mich das an?
   c) Da verlasse ich einfach das Zimmer.
   d) Das regt mich sicher auch auf.

2. Sie haben das Gefühl, ein Vorgesetzter ist schlecht aufgelegt. Wie verhalten Sie sich?
   a) Ich gehe ihm an diesem Tag am besten aus dem Weg.
   b) Da kümmere ich mich doch gar nicht darum!
   c) Ich zeige ihm gegenüber besonders gute Laune.
   d) Ich nehme seine schlechte Laune einfach hin.
3. Sie sollen eine Arbeit zu einem Termin fertigstellen, der nur sehr schwer einzuhalten ist . . .
   a) Ich versuche es trotzdem.
   b) Ich lehne den Termin glattweg ab.
   c) Das bin ich gewöhnt!
   d) Ich versuche, die Arbeit jemand anderem zuzuschieben.
4. Sie sollen bei einem Quiz mitmachen (etwa im Fernsehen). Was würde Ihnen dabei am meisten zu schaffen machen?
   a) die Aufregung
   b) daß andere dabei zuschauen
   c) die Angst, einen Fehler zu machen
   d) Sie können es nicht genau sagen.
5. Es gibt Tage, da hat man einfach das Gefühl, alles geht schief. Wie kann man dem am besten begegnen?
   a) einfach hinnehmen, morgen ist alles wieder anders
   b) durch erhöhte Konzentration
   c) eine halbe Stunde an die frische Luft gehen
   d) Hauptsache: nicht darüber ärgern!
6. Gibt es Antipathie auf den ersten Blick?
   a) ja
   b) nein
   c) ich weiß nicht
   d) vielleicht
7. Was braucht man am meisten, um eine schwierige Prüfung mit sehr gutem Erfolg zu bestehen?
   a) vor allem Glück
   b) gute Vorbereitung
   c) freundliche Prüfer
   d) eiserne Nerven

8. Es gibt Leute, die können sich angeblich bei Lärm oder lauter Musik konzentrieren. Was halten Sie davon?
   a) glaube ich nicht
   b) schon möglich, ich nicht
   c) das ist doch verrückt
   d) warum nicht?
9. Jemand bezichtigt Sie in einem Schreiben eines Vergehens, das sie gar nicht begangen haben. Wie reagieren Sie?
   a) Ich kläre die Sache natürlich sofort auf.
   b) Ich schicke den Brief kommentarlos zurück.
   c) Ich spreche mit meinem Rechtsanwalt darüber.
   d) Dem schicke ich einen geharnischten Brief.
10. Wachen Sie manchmal in der Nacht auf und können dann nicht mehr einschlafen, weil Sie ein bestimmtes Problem zu beschäftigen beginnt?
   a) das kommt zuweilen vor
   b) leider sehr häufig
   c) kaum
   d) das kommt auf das Problem an
11. Möchten Sie manchmal alles hinter sich werfen und irgendwohin in eine vergessene Gegend fliehen?
   a) ja schon, aber wohin nur?
   b) wer möchte das wohl nicht?
   c) was würde das in meinem Fall schon nützen?
   d) eher nein
12. Sie haben einen wichtigen Termin. Ihr Auto springt aber nicht an, und Zugverbindung gibt es auch keine mehr. Was machen Sie?
   a) Mit ein bißchen Glück komme ich ganz bestimmt zurecht.
   b) Ich versuche, den Termin telegraphisch zu verschieben.
   c) Da kann man wohl gar nichts machen, das ist Pech!
   d) Ich weiß es nicht, aber vielleicht fällt mir in so einem Ernstfall noch etwas ein.

Punkteverteilung:

zu	a	b	c	d	
1.	3	5	2	1	Punkte
2.	2	5	1	3	Punkte
3.	5	1	5	2	Punkte
4.	0	1	2	5	Punkte
5.	5	1	3	2	Punkte
6.	2	5	3	4	Punkte

zu	a	b	c	d	
7.	5	1	4	3	Punkte
8.	2	4	1	5	Punkte
9.	4	5	3	2	Punkte
10.	2	0	5	4	Punkte
11.	3	5	1	4	Punkte
12.	5	1	4	3	Punkte

Testergebnis:

12 – 20 Punkte: Wenn Sie wieder einmal nahe daran sind, einen, wie Sie meinen, Nervenzusammenbruch zu erleiden, dann schieben Sie doch alles von sich und überlegen in aller Ruhe: Was wird denn besser, wenn ich mich so schrecklich aufrege? Gar nichts? Da haben Sie es also! Wenn es Ihnen gelingt, Ihre innere Hochspannung zu überwinden, besteht für Sie in Zukunft kaum noch eine Streßgefahr.

21 – 30 Punkte: Es gibt Tage, da ist Ihr innerer Pegel zu ausgeglichen, daß Sie nichts aus der Ruhe bringen kann. Aber es gibt auch Tage, da liegen Ihre Nervenstränge bloß. Passiert dann etwas Aufregendes, wälzt sich eine Streßsituation auf Sie zu, daß Sie ohne Zweifel in hohem Maße streßgefährdet sind. Da heißt es also: stets gut aufpassen.

31 – 40 Punkte: Als ausgesprochener Typ des Verstandesmenschen wissen Sie ganz genau, daß allen seelischen Belastungen mit logischen Überlegungen zu begegnen ist. Ändern kann man oft nichts, um eine Streßsituation zu überwinden, aber man kann sich zur inneren Ruhe zwingen, wenn man dazu eben imstande ist. Und das sind Sie!

41 – 50 Punkte: Im Grunde sind Sie nur in sehr geringem Maße streßgefährdet. Könnten Sie allen streßbildenden Situationen im Alleingang begegnen, würden Sie diese fraglos meistern. Versuchen Sie also, wenn es wieder einmal rund geht, die Nerven zu bewahren, vielleicht helfen Sie damit nicht nur sich, sondern auch anderen.

51 – 60 Punkte: Sie haben das Naturell, nichts an sich herankommen zu lassen. Um Sie herum kann es drunter und drüber gehen, Sie kann nichts aus der Ruhe bringen! Wo andere längst vor Aufregung vibrieren, strahlen Sie Gelassenheit aus. Von Streßgefährdung keine Spur!

26. Wie sehr vertrauen Sie Ihrem Glück?

Auf gut Glück – es darauf ankommen lassen – irgendwie wird es schon klappen – dem Glücksstern vertrauen: bis zu einem gewissen Grade leben wir alle nach solchen Sprüchen. Und das Leben wäre recht langweilig, täten wir es nicht.

In wieweit haben *Sie* eine derartig sorglose Einstellung? Denn zuviel Großzügigkeit, könnte durchaus gefährlich sein.

Versuchen Sie, die zehn Fragen ehrlich zu beantworten, damit Sie sich sozusagen von außen sehen und erkennen, wie sehr Sie Ihrem Glück vertrauen. – Die Auswertung wird Sie vermutlich nachdenklich machen.

1. Wann haben Sie sich zuletzt von Ihrem Arzt gründlich untersuchen lassen?
   a) innerhalb des letzten Jahres
   b) innerhalb der letzten fünf Jahre
   c) das ist schon eine Ewigkeit her – wenn überhaupt
2. Haben Sie einen wirklich nützlichen – und wachsenden – Notgroschen beiseite gelegt?
   a) ja
   b) nun ja – vielleicht
   c) nein

3. Wie sehr wird – auf lange Sicht gesehen – Ihr Leben beherrscht von dem Gedanken: Irgendwie wird es sich schließlich zum Guten wenden?
   a) zu einem Viertel oder weniger
   b) vielleicht zur Hälfte
   c) weit mehr als die Hälfte
4. Wenn Sie morgen durch einen Schicksalsschlag Ihre Arbeit verlieren, haben Sie dann irgendeine andere Fähigkeit, Kenntnis oder Erfahrung, durch die Sie sofort einen neuen Job bekommen könnten?
   a) eigentlich nicht
   b) möglicherweise – wenn alle Stricke reißen
   c) ja, ganz sicher
5. Ist Ihr Leben wohlüberlegt gedeckt durch eine ausreichende Lebensversicherung oder ähnliche Versorgung?
   a) ja, völlig
   b) nein
   c) ja, aber wahrscheinlich nicht ausreichend
6. Sind Ihre Wohnungseinrichtung und Ihre persönliche Habe (einschließlich Auto, wenn Sie eins besitzen) völlig gedeckt durch eine Versicherung der gesamten Kosten bei einer Wiederanschaffung, z. B. nach einem Brandschaden?
   a) eigentlich nicht
   b) das vermute ich
   c) da bin ich ganz sicher
7. Wenn Sie morgen einen tödlichen Unfall erleiden sollten, könnten Ihre Verwandten/Familienangehörigen leicht Ihre sämtlichen ausstehenden Schulden bezahlen?
   a) höchstwahrscheinlich
   b) die meisten bestimmt, wenn auch nicht alle
   c) ich fürchte, nein

8. Machen Sie dauernd und bewußt Anstrengungen, durch Ihre jetzige Lebensführung Ihre Gesundheit möglichst lange zu erhalten?
   a) kaum
   b) naja, mehr halbherzig
   c) das hoffe ich doch
9. Haben Sie jemals Geld verspielt, das zu verlieren Sie sich eigentlich nicht leisten konnten?
   a) nur zu oft
   b) manchmal
   c) vielleicht, aber äußerst selten
10. Nehmen Sie Ihr Horoskop ernst – so ernst, daß Sie danach leben oder glauben, Ihr Leben könnte durch solche Voraussagen beeinflußt werden?
   a) nicht wirklich
   b) ja, ganz erheblich
   c) vielleicht ein bißchen

So bewerten Sie Ihre Antworten:

1. Es ist heller Wahnsinn, wenn Sie sich nicht regelmäßig untersuchen lassen. Durch moderne Behandlungsmethoden gilt heute mehr denn je das Sprichwort: »Vorbeugen ist besser als heilen.«
   a – 2, b – 4, c – 10.
2. Was auch immer kommen mag, ein Notgroschen ist stets die beste »Glücksgarantie«. Es ist schon ein ziemlicher Leichtsinn, wenn man nichts zurücklegt.
   a – 1, b – 5, c – 10.
3. Das kann für einen Hans-im-Glück richtig gewesen sein, aber in unserer modernen Zeit ist ein derart grenzenloser Optimismus nur selten angebracht.
   a – 4, b – 6, c – 10.

4. Alle Eier in einen einzigen Korb zu legen, ist und bleibt närrisch – in jedem Bereich des Lebens.
   a – 10 , b – 5 , c – 1
5. Sehr töricht, wenn das nicht der Fall ist! Aber Sie sind in guter Gesellschaft: eine neue Umfrage hat ergeben, daß ein hoher Prozentsatz eine solche Deckung nicht hat.
   a – 2, b – 10 , c – 6
6. Hier gilt dasselbe, was unter Ziffer 5 gesagt wurde.
   a – 10 , b – 4 , c – 1
7. Wenn nicht, dann bestrafen Sie andere durch Ihre »Irgendwie-wird-es-schon-gehen«-Lebenseinstellung. Denken Sie darüber nach.
   a – 2, b – 4 , c – 10
8. Vermutlich ist für die meisten von uns eine stabile Gesundheit das beste Kapital, das wir besitzen. Leider wird es nur allzu oft vernachlässigt.
   a – 10 , b – 5, c – 3
9. Das haben wir natürlich alle manchmal getan, aber wenn man es zu oft tut, erwartet man wirklich zuviel vom Glück.
   a – 10 , b – 7 , c – 4
10. Vielleicht ist etwas Wahres dran, aber die Sterne sind kein Ersatz für eigene Anstrengung und Vorsorge.
   a – 2, b – 10 , c – 6

Jetzt zählen Sie bitte Ihre Punkte zusammen und machen sich auf eine enthüllende Selbstanalyse gefaßt:

Über 80 Punkte bis zu der möglichen (und schrecklichen) Höchstpunktzahl von 100: Kein Zweifel – Sie vertrauen bedingungslos Ihrem Glück – und noch ein bißchen darüber hinaus. Also – viel Glück! Sie brauchen es mehr als die meisten anderen Menschen. Leider kann nicht garantiert werden, daß es Ihnen häufiger über den Weg läuft als allen anderen Leuten. Darüber sollten Sie doch ein wenig nachdenken . . .

Zwischen 40 und 80 Punkten: Sie gehören zu der überwältigenden Mehrheit der Menschen, die bis zu einem annehmbaren Grad an das Glück glauben, aber niemals völlig darauf vertrauen. Früher oder später jedoch werden Ihre Lebenserfahrungen Sie in die obere oder untere Rubrik bringen. Welche es ist, hängt davon ab, was Sie im Leben gelernt haben – und wieviel Glück Sie gehabt haben!

Unter 40 Punkte bis herab zu der möglichen (und idealen) Mindestpunktzahl von 22: Je geringer Ihre Punktzahl ist, desto weniger vertrauen Sie dem Glück. Jedenfalls handelt es sich um die Gruppe, zu der man gehören sollte. Sie wissen ja: »Glück und Glas, wie leicht bricht das!« Leider läuft es manchen Menschen nie über den Weg; schon aus diesem Grund kann man sich nicht darauf verlassen. Aber Sie dürfen folgendes nicht vergessen und müssen es zur Kenntnis nehmen: Das Glück existiert im Leben mancher Menschen. Und zu denen könnten auch Sie – vielleicht! – gehören.

27. Wie bewerten Sie die wichtigsten Dinge in Ihrem Leben?

Finden Sie in diesem anregenden Fragespiel heraus, was in Ihrem Leben den größten Wert für Sie hat. Sie müssen nur den folgenden Dingen Noten zwischen eins und zehn geben, je nachdem, welche Bedeutung Sie ihnen in Ihrem Leben zumessen.

So verteilen Sie die Noten:

1 Punkt : Bedeutet Ihnen überhaupt nichts
2 Punkte: Bedeutet Ihnen fast nichts
3 Punkte: Beschäftigt Sie nur ganz wenig
4 Punkte: Ist für Sie von eher unterdurchschnittlicher Bedeutung

5 Punkte: Ist für Sie etwa durchschnittlich wichtig
6 Punkte: Ist von überdurchschnittlicher Bedeutung für Sie
7 Punkte: Zählt ziemlich viel in Ihrem Leben
8 Punkte: Ist für Sie sehr wichtig
9 Punkte: Daran denken Sie fast ständig
10 Punkte: Bedeutet Ihnen alles

Und hier geben Sie Ihre Noten:

a) Ihr Ehepartner oder, wenn Sie unverheiratet sind, Ihr nächster Verwandter (Ihre nächste Verwandte)
b) Ihre Kinder oder, wenn Sie keine haben, Ihr ältester Freund (Ihre älteste Freundin)
c) Ihre Freunde im allgemeinen
d) Ihr Bekanntenkreis
e) Ihre Verwandten im allgemeinen
f) Ihre Arbeit
g) Ihre Hobbies
h) Sport und Wandern
i) Ihre Religion
j) Ihr Liebesleben
k) Ihre Möglichkeit, anderen zu helfen
l) Ihre Träume, Hoffnungen und Ziele
m) Ihre Erinnerungen
n) Ihr Heim
o) Ihr Besitz im allgemeinen
p) Ihre romantischen oder sentimentalen Andenken
q) Ihre Haustiere und/oder Ihre Liebe zur Natur und zu Tieren
r) Ihre Kleidung
s) Ihre Freude an Musik und Kunst
t) Ihre Gesundheit

Jetzt zählen Sie die Punkte zusammen, die Sie verteilt haben. Sie können maximal 200 erreichen.

Testauswertung

Zwischen 150 und 200 Punkte: Sie verstehen es, Ihr Leben weise zu leben, und kosten es ganz aus. Wenn Sie mehr als 180 erreicht haben, dann sollten Sie vielleicht etwas kritischer sein, denn einige der benoteten Dinge sind weniger wichtig, z. B. d, 1, p und r. Aber jedes Ergebnis zwischen 150 und etwa 185 ist großartig und zeigt, daß Sie die besten Dinge im Leben erkannt haben und sie genießen.

Zwischen 100 und 150 Punkte: Damit haben Sie einen sehr guten Durchschnittswert erreicht, und Sie haben allen Grund, zufrieden zu sein. Ihr Hauptfehler ist, daß Sie Ihre Begeisterung auf zu viele Dinge verteilen. Sie sollten sich eher auf die Bereiche konzentrieren, von denen Sie aus Erfahrung wissen, daß sie die besten sind.

Unter 100 Punkte: Sie holen nicht das Beste aus dem Leben heraus, einfach deshalb, weil Sie auf die besten Dinge darin nicht so stark reagieren, wie Sie sollten. Sehen Sie sich die Fragen nochmals an und prüfen Sie, welche Sie am höchsten bewerten. Dann untersuchen Sie ihren wahren Wert, und überlegen Sie, ob es wirklich diese Dinge sind, die Sie sich am meisten vom Leben wünschen. Sie könnten eine Überraschung erleben, die Sie weiterbringt!

Probieren Sie dieses Spiel jetzt bei Ihren Freunden aus!

28. Haben Sie Spaß am Leben?

»Laß dir's gut gehen!« sagen wir oft zu Freunden. Wie gut geht es uns denn eigentlich? Gesundheitlich, finanziell, familiär – macht das alles noch Spaß? Vielleicht hilft Ihnen dieser Test zu entdecken, woran Sie wirklich Freude haben könnten.

1. Was trägt am ehesten zu Ihrem häuslichen Wohlbefinden bei?
   a) Bequemlichkeit
   b) Zufriedenheit
   c) Ruhe
2. Was tut Ihnen bei einem Spaziergang am meisten gut?
   a) die frische Luft
   b) Leute und die Umgebung zu sehen
   c) die körperliche Bewegung
   d) alle 3 Punkte miteinander
3. Hängt Ihre Lebensfreude vom Umgang mit anderen Menschen ab?
   a) gänzlich
   b) nicht viel
   c) im gewissen Maße
   d) unterschiedlich
4. Bei einem Theater- oder Zirkusbesuch stellen Sie fest, daß der Saal ziemlich leer ist. Beeinflußt das Ihre Freude an der Vorstellung?
   a) erheblich
   b) überhaupt nicht
   c) etwas
5. Sie gehen eines Abends ins Kino und erkennen nach den ersten Szenen, daß Sie den Film schon einmal gesehen haben. Was für eine Wirkung hat die ungewollte Wiederholung auf Sie?
   a) vertieft den Genuß des Films
   b) stört Sie nicht weiter
   c) ärgert Sie ein bißchen

6. Wie betrachten Sie Ihre Freundschaften?
   a) als eine befriedigende Art, das Leben in Gesellschaft zu verbringen
   b) als etwas ganz Besonderes und Persönliches
   c) als Mit-Sorgenträger, wo man hin und wieder auch seine Aggressionen abladen kann
   d) als Zufallserscheinungen, wenn man sich gerade mal trifft
7. Was würden Sie auf eine einsame Insel mitnehmen?
   a) 6 Flaschen Spirituosen
   b) 6 Bücher
   c) 6 Fotos Ihrer Familie und Freunde
   d) 6 Pfannen und Kochtöpfe
8. Was trägt viel zu Ihrer Lebensfreude bei?
   a) ein guter Urlaub
   b) die Gelegenheit, etwas von der Welt zu sehen
   c) interessante, befriedigende Arbeit
   d) häufiger Wohnungswechel
9. Interessiert es Sie, bei einem Fernsehstück, Buch oder Theaterbesuch über die Schauspieler, Autoren oder Regisseure informiert zu sein?
   a) überhaupt nicht
   b) gelegentlich, kommt auf den Fall an
   c) ja, unbedingt
10. Denken Sie mal über Ihre Hobbies nach! Welche Art sagt Ihnen am meisten zu?
   a) solche, die Sie ganz allein beschäftigen
   b) bei denen man einen Partner braucht
   c) zu denen eine Menge Werkzeug, Ausrüstung, Nachschlagewerke gehören
   d) nur solche, die man überall ausüben kann

Punkteverteilung:

1.	a – 12	b – 20	c – 8	
2.	a – 5	b – 4	c – 9	d – 18
3.	a – 3	b – 13	c – 10	d – 16
4.	a – 10	b – 17	c – 14	
5.	a – 20	b – 12	c – 7	
6.	a – 16	b – 18	c – 9	d – 5
7.	a – 4	b – 17	c – 15	d – 18
8.	a – 6	b – 8	c – 20	d – 2
9.	a – 3	b – 10	c – 15	
10.	a – 17	b – 12	c – 8	d – 16

Testauswertung:

Über 170 Punkte: Zweifellos verstehen Sie, sich Spaß am Leben zu verschaffen. Aber das kann mitunter auf Kosten anderer gehen, weil Sie etwas rücksichtslos sind, wenn es darauf ankommt, Ihre Freude zu haben.

150 – 170 Punkte: Sie haben hervorragende Fähigkeiten, das Leben zu genießen und sich Freude zu verschaffen, ohne anderen dabei zur Last zu fallen.

120 – 150 Punkte: Sie könnten mehr Spaß am Leben haben, wenn Sie nicht so ausgeprägt selbstbewußt wären. Aber Sie sind mit sich selbst so recht zufrieden.

80 – 120 Punkte: Das Leben könnte für Sie lustiger sein, wenn Sie sich nicht ständig Sorgen machten um das, was vielleicht nie passiert. »Genieße den Tag!« sollten Sie denken und nicht über das Morgen nachgrübeln.

Unter 80 Punkten: Aber, aber! Nehmen Sie das Leben doch nicht so bitter ernst, und seien Sie mal etwas selbstbewußter!

29. Welche Einstellung zur Freundschaft haben Sie?

Werden Sie oft von einem hübschen Gesicht, einem liebenswürdigen Lächeln eingenommen, nur um es dann später zu bereuen?

Sind Sie in der Lage, einen »Schön-Wetter-Freund« zu erkennen?

Die Antwort auf diese Fragen ist häufig in Ihrer eigenen Einstellung zur Freundschaft zu finden. Dieser Test wird Ihnen helfen, sich selbst zu erkennen, andere zu verstehen und einen falschen Freund zu durchschauen.

1. Glauben Sie, was die Leute Ihnen erzählen?
   a) meistens
   b) manchmal
   c) selten
2. Sind Sie überrascht über Dinge, die Ihre Freunde tun?
   a) nie
   b) manchmal
   c) dauernd
3. Erwarten Sie von guten Freunden unbedingte Loyalität?
   a) ja
   b) nein
4. Sind Sie Ihren guten Freunden gegenüber völlig loyal?
   a) ja
   b) nicht immer
5. Haben Sie wissentlich jemanden im Stich gelassen?
   a) ja
   b) nein
6. Können Sie leicht von anderen beeinflußt werden?
   a) gelegentlich
   b) meistens

7. Halten Sie es für wichtig, mit abwesenden Freunden in Verbindung zu bleiben?
   a) ja
   b) nein
8. Sind Sie verletzt, wenn man Ihren Geburtstag vergißt?
   a) ja
   b) nein
9. Erinnern Sie sich an die Geburtstage Ihrer guten Freunde?
   a) meistens
   b) gelegentlich
10. Wenn Sie glauben, daß Ihr bester Freund Sie im Stich gelassen hat, würden Sie die Freundschaft beenden?
    a) ja
    b) nein
11. Wenn Sie einem Freund eine Gefälligkeit geleistet haben, erwarten Sie dann eine Gegenleistung?
    a) ja
    b) nein
12. Wenn Sie glauben, hereingelegt worden zu sein, möchten Sie es dann zurückzahlen?
    a) ja
    b) nein
13. Würden Sie einem Freund Geld leihen?
    a) vielleicht
    b) selbstverständlich
    c) nein
14. Würden Sie von einem Freund Geld borgen?
    a) vielleicht
    b) bestimmt
    c) nein
15. Würden Sie von einem Freund Ihre Partnerin zum Tanz ausführen lassen, wenn Sie selbst verhindert sind?
    a) ja

b) nein
c) vielleicht

16. Meinen Sie, daß Sie einen Charakter gut beurteilen können?
a) ja
b) nein

17. Wenn Sie sich eine Meinung über einen Menschen bilden, ist dessen Aussehen für Sie wichtig?
a) ja
b) nein

18. Glauben Sie an das Wort von »leben und leben lassen«?
a) ja
b) nein

19. Haben Sie jemals einem Freund etwas erzählt, von dem Sie wünschten, daß es nicht weitergesagt würde?
a) ja
b) nein

20. Haben Sie jemals eine vertrauliche Mitteilung weitergegeben?
a) ja
b) nein

Bewertung:

1. a – 1, b – 4, c – 1	11. a – 0, b – 6
2. a – 3, b – 2, c – 1	12. a – 0, b – 6
3. a – 2, b – 4	13. a – 4, b – 2, c – 0
4. a – 2, b – 4	14. a – 1, b – 4, c – 1
5. a – 1, b – 5	15. a – 1, b – 1, c – 4
6. a – 4, b – 2	16. a – 2, b – 4
7. a – 2, b – 4	17. a – 1, b – 5
8. a – 2, b – 4	18. a – 4, b – 2
9. a – 4, b – 2	19. a – 4, b – 2
10. a – 1, b – 5	20. a – 1, b – 5

Testauswertung:

Zwischen 60 und 87 Punkten: Sie brauchen sich kaum Sorgen zu machen. Ihre Einstellung zur Freundschaft ist ausgewogen, realistisch und gesund. Vermutlich haben Sie viele erfreuliche Kontakte. Sie erwarten nicht zuviel von den Menschen und regen sich daher nur selten über etwas auf, was sie tun und sagen. Sie wissen, daß jeder Mensch eine Einzelpersönlichkeit ist. Sie mögen die Menschen und freuen sich in ihrer Gesellschaft ebenso an ihren Schwächen wie an ihren Stärken. Ihre einzige Schwierigkeit kann aus der Tatsache herrühren, daß Sie vielleicht ein bißchen zu tolerant sind, was manche Menschen möglicherweise zu der Auffassung bringt, daß Sie nur ungern aus sich herausgehen.

Zwischen 35 und 59 Punkten: Nur wenige Menschen werden Sie hereinlegen, aber wenn es doch einmal passiert, sind Sie darüber bekümmerter, als Sie es eigentlich sein sollten. Denn Ihre Einstellung zur Freundschaft ist überwiegend vernünftig. Sie haben einige Schwachstellen. So werden Sie zum Beispiel umso vertrauensseliger, je mehr Sie sich innerlich engagiert haben. Denken Sie daran: Weil sich Ihre Haltung den Menschen gegenüber im Lauf der Zeit ändern kann, muß das nicht unbedingt bedeuten, daß sich deren Charakter geändert hat. Wenn Sie Fehlschläge zur Kenntnis nehmen müssen, könnten Sie sich bei Enttäuschungen verwundet fühlen.

Zwischen 26 und 34 Punkten: Ihre freundliche Veranlagung kann dazu führen, daß Sie einfach ein bißchen zu oft hereingelegt werden. Dagegen läßt sich nicht viel tun. Aber Sie sind vermutlich auch ganz zufrieden mit den Dingen, wie sie eben sind. Sie sind herzlich und vertrauensvoll, und die meisten Menschen, die Sie kennen, wissen das. Darum tun Ihre Freunde alles, was in ihrer Macht steht, um Sie vor ernsteren Schwierigkeiten abzuschirmen.

30. Hält man Sie für langweilig?

Beantworten Sie die Testfragen, und Sie werden einiges darüber erfahren.

Für jedes »Ja« notieren Sie sich drei Punkte, für jedes »Nein« zwei Punkte.

1. Haben Sie sich schon öfter dabei ertappt, daß Sie in einer langweiligen Gesellschaft herzhaft gähnen mußten?
2. Kennen Sie mehr als drei Menschen, in deren Gesellschaft man kein Gespräch in Gang halten kann?
3. Wenn Sie in Begleitung (Ehepartner, Freund, Freundin) ausgehen, sind Sie dann meistens derjenige, der zum Nachhausegehen mahnen muß?
4. Wenn Sie zu einer Party eingeladen werden, erkundigen Sie sich nach den anderen Gästen und können Sie daraufhin auf die Unterhaltsamkeit des Abends schließen?
5. Sie schlagen in einer lustigen Gesellschaft sicher auch einmal über die Stränge, genieren Sie sich nachher dafür?
6. Finden Sie es langweilig, wenn andere immer wieder von ihren Erfolgen beim anderen Geschlecht erzählen?
7. Glauben Sie, daß man bei einer Silvesterfeier auch sogenannte ernsthafte Gespräche führen kann?
8. Waren Sie während Ihrer Schulzeit einmal mit einem Klassenprimus gut befreundet?

Testergebnis:

16 Punkte: Sie sind eine sogenannte Stimmungskanone. In Ihrer Gesellschaft kommt keinem das Gähnen. Meisterhaft verstehen Sie es, sich Ihrer Umgebung anzupassen, und bringen selbst einen alten Griesgram zum Lachen. Wenn es nicht anders gelingt, sogar auf Ihre eigenen Kosten. Das macht Sie selbst Leuten sympathisch, die Ihre Aufgedrehtheit manchmal übertrieben finden.

17 – 19 Punkte: Über Ihre Person gab es in Ihrem Bekanntenkreis schon manche lebhafte Diskussion. Die eine Partei hält Sie für langweilig, die andere behauptet genau das Gegenteil. Es kommt also ganz darauf an, in welcher Gesellschaft Sie sich befinden. Bei der Größe Ihrer Anhängerschar wird Ihnen selbst also niemals langweilig werden, und das dürfte ja die Hauptsache sein.

20 – 23 Punkte: Es gibt Leute, die halten Sie für langweilig. Aber das braucht Ihnen keine Minderwertigkeitskomplexe anzuzüchten. Daß Sie es nicht fertigbringen, immer und überall in die Fröhlichkeit mit einzustimmen, beweist nur, daß Sie eine ausgewählte Umgebung brauchen, um sich gut zu unterhalten.

24 Punkte: Ja, man hält Sie für langweilig, und wenn Sie das nicht schon wissen, so haben Sie es doch manchmal sicherlich gefühlt. Sie sollten es nicht darauf anlegen, Ihren Ruf ändern zu wollen, sondern sich einfach vor Augen führen, daß es auch stille Teilhaber der allgemeinen Fröhlichkeit geben muß, die von manchen mehr geschätzt werden als die lauten.

31. Wie wirken Sie auf das andere Geschlecht?

1. Welche Freizeitvergnügungen liegen Ihnen nicht?
   a) Tanzen
   b) Sport
   c) Spiele
   d) Basteln
2. Was würde Ihnen ein Einsiedlerdasein am meisten verleiden?
   a) mit niemandem reden zu können
   b) alles selber machen zu müssen
   c) kein Radio, kein Fernsehgerät zu haben
   d) das ewige Einerlei

3. Welche hervorstehendste Eigenschaft hatte Ihr Lieblingslehrer?
   a) Er war immer gut aufgelegt.
   b) Er war gerecht.
   c) Er sah gut aus.
   d) Man konnte Vertrauen zu ihm haben.

4. Was bringen einem Tagebuchaufzeichnungen?
   a) Man kann in der Vergangenheit schmökern.
   b) Sie sind ein netter Zeitvertreib.
   c) Auf jeden Fall bergen sie Romantisches.
   d) Man kann bestimmte Ereignisse korrekt feststellen.

5. Welche Art von Romanen bevorzugen Sie?
   a) mit historischem Hintergrund
   b) unterhaltsame, auf jeden Fall
   c) spannende
   d) Liebesgeschichten

6. Was halten Sie von Schönheitswettbewerben?
   a) ein Geschäft für die Veranstalter
   b) gar nichts
   c) eine Zeiterscheinung
   d) sind unterhaltsam

7. Was würden Sie mit einem unerwarteten Gewinn am ehesten anfangen?
   a) reisen
   b) etwas kaufen, das ich mir schon lange wünsche
   c) das könnte ich erst sagen, wenn ich ihn hätte
   d) ich weiß nicht recht

8. In einem Wartezimmer oder Eisenbahnabteil will jemand mit Ihnen ins Gespräch kommen. Aber Sie haben keine Lust. Wie verhalten Sie sich?
   a) Ich bleibe einsilbig.
   b) Ich wende mich etwas anderem zu und lese beispielsweise.
   c) Ganz einfach: ich gebe keine Antwort.
   d) Eine einzige ablehnende Antwort genügt da wohl.

9. Sie haben eine Verabredung und der andere verspätet sich. Welche Ausrede fänden Sie am amüsantesten?
   a) Ich habe den Autoschlüssel suchen müssen.
   b) Ich habe am hellichten Tag verschlafen.
   c) Meine Großmutter kam unerwartet zu Besuch.
   d) Ein großer Löwe lag vor meiner Tür.
10. Warum soll man kleine persönliche Schwächen seines Partners nicht mit anderen erörtern?
   a) weil diese andere nichts angehen
   b) weil einem das einmal vorgeworfen werden könnte
   c) warum eigentlich nicht?
   d) weil man selber auch kleine Schwächen hat
11. Sie wollen mit jemandem Schluß machen. Wie verhalten Sie sich?
   a) Ich gehe zur nächsten Verabredung einfach nicht hin.
   b) Ich schreibe einen Brief.
   c) Ich bin da für eine Aussprache.
   d) Ich sage, ich hätte keine Zeit, das ist doch deutlich?
12. Wann würden Sie jemanden, der Ihnen gar nicht sympathisch ist, trotzdem zu sich einladen?
   a) Wenn berufliche Vorteile für mich davon abhingen.
   b) Wenn diese Person meinem Partner nahestünde.
   c) Wenn mich diese Person auch schon öfter eingeladen hätte.
   d) Ich würde es auf keinen Fall tun.
13. Warum ist ein getrennter Urlaub mitunter angebracht?
   a) Weil man sich nachher um so höher schätzt.
   b) Weil man da Muße zum Nachdenken hat.
   c) Ich weiß es wirklich nicht.
   d) Weil man auch einmal seinen eigenen Interessen nachgehen soll.

14. Eine Ihnen sehr sympathische Person schwärmt von einem Film, den Sie unmöglich fanden. Wie reagieren Sie am ehesten?
    a) Ich versuche, die mir besonders mißfallenen Szenen zu »zerpflücken«.
    b) Ich versuche, den anderen Standpunkt zu verstehen.
    c) Ich finde mich damit ab, daß ich einen anderen Geschmack habe.
    d) Da lasse ich mich auf gar keine Diskussion ein.
15. Was halten Sie davon, wenn Ihnen jemand schon nach kurzer Bekanntschaft von seinen persönlichen Sorgen berichtet?
    a) Der findet mich sicher sehr sympathisch.
    b) Damit könnte man mir schon auf die Nerven fallen.
    c) Das passierte mir schon öfter.
    d) Der hat eben eine seiner schwachen Stunden.

Punkteverteilung:

1. a – 6, b – 4, c – 2, d – 0
2. a – 4, b – 2, c – 1, d – 5
3. a – 4, b – 5, c – 3, d – 7
4. a – 6, b – 3, c – 4, d – 0
5. a – 5, b – 2, c – 3, d – 0
6. a – 6, b – 8, c – 4, d – 2
7. a – 1, b – 3, c – 5, d – 6
8. a – 6, b – 4, c – 2, d – 0
9. a – 5, b – 4, c – 2, d – 1
10. a – 5, b – 3, c – 1, d – 7
11. a – 2, b – 7, c – 5, d – 4
12. a – 0, b – 5, c – 3, d – 6
13. a – 1, b – 3, c – 2, d – 6
14. a – 2, b – 3, c – 0, d – 4
15. a – 0, b – 4, c – 2, d – 6

Testergebnis:

12 – 30 Punkte: Sie sind der vielbeneidete Typ, der beim anderen Geschlecht erhöhte Aufmerksamkeit erregt. Mitunter lösen Sie sogar Gefühle aus, die zu empfinden sich jeder ersehnt. Das mag vor allem daran liegen, daß Sie sich sehr gut in andere Menschen hineindenken können und dann genau so handeln, wie diese es von Ihnen erwarten. Daß Sie dann freilich manchmal auch enttäuschen, ist nur eine logische Folge: Auf die Dauer können Sie sich eben nicht »verstellen«. Aber Augenblickserfolge scheinen Sie ja in der Regel zufriedenzustellen.

31 – 52 Punkte: Mit Ihrer offenen und freundlichen Wesensart erwecken Sie überall Sympathien, und Ihre Kommunikationsfreudigkeit verleitet manchmal zu der Schlußfolgerung, daß man es mit Ihnen »leicht« hat. Ein paar geschickt gesetzte Worte oder ein betörender Augenaufschlag, und man hat Sie im Sturm erobert. Zumindest für einen mehr oder weniger langen schönen Augenblick. Tiefere und auf die Dauer beständige Gefühle trauen Ihnen nur jene zu, die Sie besser und länger kennen und sich vom äußeren Anschein auch nicht gleich beeindrucken lassen.

53 – 72 Punkte: Außenstehenden mag es manchmal scheinen, als ob Sie das andere Geschlecht mehr oder weniger kalt ließe. Auch Sie selbst litten vielleicht schon unter dem Empfinden, daß Sie »gar keinen Eindruck« gemacht haben. Aber das ist ein ganz gewaltiger Irrtum! Sie können Eisberge zum Schmelzen bringen! Nur: Man wird Ihnen das niemals offen zeigen. Weil Sie das Flair ausstrahlen, »uneinnehmbar« zu sein und sogar eine gewisse Scheu hervorrufen. Oft wurde schon auf ein kleines Zeichen des Entgegenkommens von Ihnen gewartet. Sie müssen es nur geben – wenn Sie wollen.

73 – 90 Punkte: Wenn sich Angehörige des anderen Geschlechts an Sie manchmal einfach nicht herantrauen, so mag es daran liegen, daß Sie den Eindruck erwecken, für einen kleinen Flirt oder eine vorübergehende Liebelei einfach nicht ansprechbar zu sein. Vor Ihnen muß man schon tiefere Gefühle ausbreiten, um Sie erobern zu können. Liebe ist für Sie eben kein »Gesellschaftsspiel«, und Sie erwarten absolute Verläßlichkeit. Wenn Sie eine Partnerschaft ins Kalkül ziehen – das glaubt man Ihnen zumindest anzumerken – so muß diese schon auf Dauer angelegt sein.

32. Führen Sie ein wirklich glückliches Familienleben?

Natürlich, werden Sie sagen, ist meine Familie glücklich! Oder: Nein, wir führen kein glückliches Familienleben! Vielleicht läßt sich da etwas machen? Versuchen Sie diesen Test, er kann Ihnen unter Umständen helfen.

1. Gibt es in Ihrer Familie jemanden, der an Freude und Spaß im Familienkreis keinen Anteil nimmt?
   a) nein
   b) ja
   c) fällt mir nicht auf
2. Sind Spitz- und Kosenamen in Ihrer Familie üblich?
   a) ja
   b) nein
   c) nur unter den Kindern
3. Ist Ihr Heim so etwas wie ein kleines Paradies für andere Kinder, unerwartete Besucher, Tiere, oder sogar ein Platz, wo man Probleme abladen kann?
   a) manchmal
   b) nein
   c) jederzeit
4. Wie werden die Tagesprobleme in Ihrer Familie besprochen?
   a) frei in Gegenwart von jedem
   b) nur mit dem einen/anderen Elternteil oder beiden
   c) ganz im geheimen, falls überhaupt

5. Fühlen sich die Kinder in Gegenwart von Vater/Mutter gelangweilt?
   a) nicht, soweit es Ihnen bewußt ist
   b) bei ganz seltenen Gelegenheiten
   c) mitunter
6. Haben Sie das ganze Jahr hindurch noch gemeinsame Freude an Ihren Familienferien?
   a) nein
   b) ja
   c) selten
7. Erhalten Sie je Geschenke von Ihren Kindern außer an Geburtstagen und Weihnachten?
   a) gelegentlich
   b) ja, ziemlich regelmäßig
   c) nein
8. Finden Sie altbewährte Familienscherze
   a) erfreulich amüsant?
   b) leicht boshaft?
   c) dumm?
9. Halten Sie viel von Familiendisziplin?
   a) wenig
   b) eine ganze Menge
   c) in fairen Grenzen
10. Wie glücklich sind **Sie** in Ihrer Familie?
   a) einigermaßen
   b) hin und wieder
   c) fast immer

Punkteverteilung:

1. a – 10 , b – 5 , c – 0
2. a – 10 , b – 0 , c – 5
3. a – 5 , b – 0 , c – 10
4. a – 5 , b – 10 , c – 0

5. a – 10 , b – 5 , c – 0
6. a – 0 , b – 10 , c – 0
7. a – 5 , b – 10 , c – 0
8. a – 10 , b – 5 , c – 0
9. a – 0 , b – 5 , c – 10
10. a – 5 , b – 0 , c – 10

Auswertung:

100 Punkte: Wie glücklich muß Ihr Familienleben doch sein!

80 – 95 Punkte: Ja, alle Achtung! Ihr Familienleben läuft erfreulich, und da ist kaum etwas, das besser gemacht werden könnte.

60 – 80 Punkte: Durchschnittliches Familienglück – d. h. es kann immer noch etwas verbessert werden. Fangen Sie mit den Erwachsenen an!

40 – 60 Punkte: Sie haben offenbar noch nicht viel über das Glück Ihrer Familie nachgedacht! Es wird Zeit, daß Sie es tun!

Unter 40 Punkte: Es ist ein Wunder, daß Sie überhaupt noch eine Familie sind!

33. Sind Sie ein idealer Ehepartner?

Liebe und Zuneigung sind unbestritten die wichtigsten Voraussetzungen für die Ehe. Aber – wie Psychologen und Eheberater heute immer häufiger betonen – sind auch der Wille und die Fähigkeit zum Gelingen einer haltbaren Zweiergemeinschaft von grundlegender Bedeutung. Es gehört also auch »Talent« dazu, sich in die Ehe einzufügen. Wo es fehlt – und sei es nur auf einer Seite, kann der Weg nur allzu bald zum Scheidungsanwalt führen. Testen Sie sich – ob Sie ein guter oder gar idealer Ehepartner sind!

1. Ihr Partner hat Angewohnheiten, die an sich harmlos sind, aber die Sie nicht ausstehen können. Wie reagieren Sie?
   a) Ich versuche, diese Angewohnheiten zu ignorieren. *3 Punkte*
   b) Ich mache das meinem Partner in einem Gespräch klar. *2 Punkte*
   c) Ich schlage einen »Tausch« vor: meine schlechten Angewohnheiten gegen deine! *0 Punkte*
   d) Harmlose Angewohnheiten sind unwichtig, ich nehme sie einfach hin. *4 Punkte*
2. Ihr Partner scheint irgend etwas vor Ihnen zu verheimlichen. Warum wohl?
   a) weil ich mich darüber ärgern könnte *3 Punkte*
   b) weil es ihm selber Kummer bereitet *4 Punkte*
   c) weil er mir Sorgen ersparen möchte *5 Punkte*
   d) kann ich mir nicht erklären *1 Punkt*
3. Wie beurteilen Sie den Eindruck Ihres Partners auf das andere Geschlecht?
   a) begehrenswert *4 Punkte*
   b) unnahbar *1 Punkt*
   c) verführerisch *3 Punkte*
   d) kühl *0 Punkte*
4. Warum möchte Ihr Partner immer genau wissen, wo sie zu erreichen sind?
   a) aus Neugier *3 Punkte*
   b) aus Mißtrauen *2 Punkte*
   c) der Ordnung halber *4 Punkte*
   d) aus Besorgnis *5 Punkte*
5. Warum soll man einen Seitensprung seinem Partner unbedingt verheimlichen?
   a) um unnütze Komplikationen zu vermeiden *6 Punkte*
   b) um ihn nicht »zur Rache« herauszufordern *3 Punkte*
   c) um das gute Einvernehmen nicht zu stören *1 Punkt*
   d) weil man so etwas selbstverständlich für sich behält *0 Punkte*

6. Was halten Sie von Liebesbriefen?
   a) sind Relikte aus vergangener Zeit *1 Punkt*
   b) Liebesbriefe – gar unter Ehepartnern? – Unsinn! *0 Punkte*
   c) liest man nach Jahren wohl gerne wieder *4 Punkte*
   d) werden niemals unmodern *5 Punkte*
7. Ihr Partner lobt bestimmte Eigenschaften an einer anderen Person Ihres Geschlechts. Wie reagieren Sie am ehesten?
   a) Ich stimme in das Lob mit ein. *4 Punkte*
   b) Ich gebe zu, daß mir diese Eigenschaften fehlen. *3 Punkte*
   c) Ich weise auf die Fehler hin, die der- oder diejenige hat *1 Punkt*
   d) mit stummem Lächeln *0 Punkte*
8. Welchen Grund könnten Sie am ehesten verstehen, wenn sich ein Partner – auch nach längerer Zweiergemeinschaft – einem anderen zuwendet?

	männl./	*weibl. Testpers.*
a) eine große Liebe	*2*	*1 Punkte*
b) sexuelle Belange	*3*	*3 Punkte*
c) allgemeine Unstimmigkeiten	*4*	*5 Punkte*
d) Vernachlässigung	*5*	*6 Punkte*

9. Was sagen Sie zu gelegentlichem Partnertausch?
   a) hat es schon immer gegeben *7 Punkte*
   b) mag ganz lustig sein *2 Punkte*
   c) wem das Spaß macht? *3 Punkte*
   d) ist nicht in Erwägung zu ziehen *6 Punkte*
10. Ihr Partner bekundet gegen eine Person aus Ihrem Bekanntenkreis eine unbegründbare Ablehnung. Wie bringen Sie ihn davon ab?
   a) Gar nicht. Ich verzichte auf den Umgang mit dieser Person. *2 Punkte*
   b) durch klärende Aussprachen *0 Punkte*
   c) Ich kehre das Positive dieser Person heraus. *3 Punkte*

d) Mit der Zeit werden die Vorurteile sicher verblassen. *4 Punkte*

11. In einem bestimmten Bereich (Musik, Theater, Film etc.) haben Sie nicht die gleichen Interessen wie Ihr Partner. Wie regeln Sie das?

a) Jeder geht seinem Interessengebiet alleine nach. *1 Punkt*

b) Wir einigen uns in jedem Fall auf ein gemeinsames Gebiet. *3 Punkte*

c) das eigene Gebiet dem Partner schmackhaft machen *4 Punkte*

d) unbedingt am Interessengebiet des Partners teilnehmen *5 Punkte*

12. Halten Sie es in einer Zweierpartnerschaft für unbedingt wichtig, daß Briefe an einen der Partner auch vom anderen geöffnet werden?

a) ja *3 Punkte*

b) nein *5 Punkte*

13. Kreuzen Sie die drei wichtigsten Faktoren für eine gute Zweiergemeinschaft an:

a) Toleranz *0 Punkte*

b) Vertrauen *2 Punkte*

c) Sex *2 Punkte*

d) gemeinsame Ziele *1 Punkt*

e) Verständnis *1 Punkt*

f) Liebe *3 Punkte*

14. Was würden Sie am ehesten als einen nur kleinen Fehler an Ihrem Partner betrachten?

a) Eigensinn *3 Punkte*

b) Eifersucht *5 Punkte*

c) Nachträglichkeit *1 Punkt*

d) Neugier *6 Punkte*

15. Ihr Alter

a) bis 21 Jahre *1 Punkt*

b) von 22 bis 29 Jahre *2 Punkte*

c) von 30 bis 42 Jahre *3 Punkte*
d) älter als 42 Jahre *4 Punkte*

16. Ihr Geschlecht:
a) männlich *1 Punkt*
b) weiblich *3 Punkte*

Testergebnis:

15 – 28 Punkte: Sie haben fraglos ganz ausgezeichnete Eigenschaften für einen Partner. Allerdings darf die Partnerschaft nicht allzu lange dauern! Idealer Ehepartner sind Sie also keiner. Falls Sie das noch nicht gemerkt haben sollten, werden Sie sicher bald dahinter kommen!

29 – 41 Punkte: Was Sie vor allem brauchen, ist ein ganz hervorragend idealer Ehepartner, denn Ihnen fehlt gar manches, selber ein solcher zu sein. Ihnen muß man sich in jeder Hinsicht anpassen, ja, man muß sich auch unterordnen können. Trifft das ein, dann klappt es bestens.

42 – 55 Punkte: Sie zählen zum guten Durchschnitt der Ehepartner. Ideal sind Sie wohl nicht, aber mit ein bißchen Nachsicht kommt man mit Ihnen ganz gut zurecht. Denn was Ihnen zum idealen Ehepartner auch fehlen mag, Sie gleichen es mit Toleranz und gutem Willen reichlich aus.

56 – 70 Punkte: Sie stehen knapp an der Grenze zum idealen Ehepartner. Die Eigenschaften, die Ihnen fehlen, einer zu sein, gleichen Sie durch Einsicht und gelegentliches Selbsterkennen weitgehendst aus. Wenn trotzdem etwas schief geht, müssen schon andere Ursachen vorliegen.

71 – 80 Punkte: Sie haben alle Eigenschaften und charakterlichen Merkmale, ein idealer Ehepartner zu sein. Unter diesem Aspekt kann nichts schief gehen. Bleibt also nur zu hoffen, daß auch Ihr Partner die annähernd gleiche Punktezahl erreicht!

34. Könnten Sie eine Million verjubeln?

1. Was macht Ihnen absolut kein Vergnügen?
   a) auswärts essen
   b) allein sein
   c) Barbesuche
   d) Tanzen
2. Woran sollte man sich im Alter am liebsten erinnern wollen?
   a) an die Eroberungen beim anderen Geschlecht
   b) an die beruflichen Erfolge
   c) an die kleinen Dummheiten, die man gemacht hat
   d) an das Ansehen, das man verschiedentlich genoß
3. Warum soll man sich (wenn man das Geld hat) wertvollen Schmuck kaufen?
   a) weil es Spaß macht
   b) weil es eine Kapitalanlage ist
   c) damit einen die anderen beneiden
   d) weil er die Schönheit unterstreicht
4. Was hat Ihnen in Ihrer Kindheit den meisten Spaß gemacht?
   a) Daumenlutschen
   b) Indianerspielen
   c) Basteln
   d) im Freien tollen
5. Welche Art Bücher lesen Sie am liebsten?
   a) Liebesgeschichten
   b) Fortsetzungsromane
   c) Abenteuerberichte
   d) ganz andere
6. In welchem Zusammenhang möchten Sie am liebsten von sich in der Zeitung lesen?
   a) Kunst, Wissenschaft
   b) Gesellschaft
   c) Politik
   d) ich weiß nicht recht

7. Angenommen, Sie geraten unversehens in eine vollkommene Pleite. Was würden Sie, wenn Sie es noch hätten, am ehesten verkaufen, um zu Geld zu kommen?
   a) Schmuck, Pelze
   b) Kunstgegenstände
   c) Auto
   d) Wohnungseinrichtung
8. Ein aufgeregter Anrufer beschuldigt Sie irgendeines Verbrechens, das Sie gar nicht begangen haben. Wie reagieren Sie am ehesten?
   a) einfach auflegen
   b) ihn ausreden lassen, dann versuchen aufzuklären
   c) ihn auf einen Drink einladen
   d) ihm gehörig die Meinung sagen
9. Was für Leute stören Sie auf einer Party?
   a) die belangloses Zeug quatschen
   b) die meisten
   c) die Angeber
   d) die Unauffälligen
10. Für *Frauen*
    Welche Eigenschaft soll ein Mann nicht haben?
    a) Er soll nicht schüchtern sein.
    b) Er soll nicht viele Worte machen.
    c) Er soll sich nicht als Draufgänger fühlen.
    d) Er soll nicht geizig sein.

    Für *Männer*
    Welche Eigenschaft hat eine vielumschwärmte Frau ganz sicher?
    a) Sie ist charmant.
    b) Sie hat Sexappeal.
    c) Sie ist klug.
    d) Sie ist leichtsinnig.

Punkteverteilung:

1. a – 5 , b – 2 , c – 6 , d – 3
2. a – 2 , b – 5 , c – 3 , d – 1
3. a – 2 , b – 6 , c – 5 , d – 4
4. a – 0 , b – 2 , c – 4 , d – 3
5. a – 0 , b – 1 , c – 2 , d – 3
6. a – 6 , b – 1 , c – 2 , d – 5
7. a – 3 , b – 4 , c – 5 , d – 1
8. a – 2 , b – 4 , c – 1 , d – 5
9. a – 5 , b – 6 , c – 3 , d – 2
10. für *Frauen*
    a – 1 , b – 2 , c – 4 , d – 0
10. für *Männer*
    a – 0 , b – 4 , c – 2 , d – 1

W 30 M 38

Testergebnis:

10 – 22 Punkte: Sie wären ein Schulbeispiel dafür, wie man eine Million verjubeln kann. Vermutlich würden Sie es so toll treiben, daß man über Sie seitenlange Klatschberichte lesen könnte. Wenn die Million futsch wäre, würde Ihnen dann allerdings die Fähigkeit fehlen, auch ohne Geld Schlagzeilen zu machen. Was unbedingt positiv zu werten ist. Denn die meisten, die vornehme Popularität genießen, verdanken sie nur ihrem Geld. Seien Sie also froh, daß Sie keine Million haben.

23 – 31 Punkte: Sie scheinen die große Fähigkeit zu haben, eine Million glatt verjubeln zu können. Das liegt vermutlich daran, daß Sie dazu neigen, sich mit dem Lebensstil angesehener Persönlichkeiten zu beschäftigen. Dabei scheinen Sie allerdings zu vergessen, daß auch diese Menschen von großen Sorgen geplagt werden. So mancher von diesen, da können Sie versichert sein, würde sofort für eine Million mit Ihnen tauschen. Zumindest vorübergehend. Was Ihnen als Warnung dienen sollte, daß Geld nicht glücklich macht.

32 – 42 Punkte: Sie bilden sich ein, eine Million glatt verjubeln zu können. Das ist ein gewaltiger Irrtum! Sie können es nicht! Bei jedem Tausendmarkschein, für den Sie nur einiges Kleingeld zurückbekämen, würden unterschwellige Gedanken in Ihnen rumoren, was man mit dem Geld doch »Vernünftiges« hätte anfangen können. Warum, zum Kuckuck, wollen Sie dann eine Million? Seien Sie doch froh, daß Sie keine haben, am Ende würde sie nur Ihren Charakter verderben!

43 – 50 Punkte: Das tägliche Einerlei scheint Sie schon so weit abgestumpft zu haben, daß Sie kaum imstande wären, eine Million zu verjubeln. Sie wären glatt imstande, diese aufs Sparbuch zu legen, und würden die Millionärssorgen anderen überlassen. Aber für ein geruhsames Leben wird man nicht Millionär. Wenn Sie es nicht glauben, dann fragen Sie mal einen!

35. Wie gleichgültig ist Ihnen Geld?

1. Ein Freund will sich beruflich verändern. Zu welcher Stellung würden Sie ihm raten?
   a) wo ihm genügend Zeit bleibt, seinen Hobbys nachzugehen
   b) wo er sich finanziell verbessern kann
   c) wo er in eine schöne Gegend übersiedeln kann
   d) wo er öfter auf Dienstreise gehen kann

2.1 Sie bekommen zu einem Festtag ein Beutelchen recht wertvoller – aber nicht zahlungsgültiger – Silbermünzen. Wie verwenden Sie diese?
   a) Ich hebe sie für meine Erben auf.
   b) Ich tausche sie ein und lege den Erlös auf mein Konto.
   c) Vielleicht fange ich an, Münzen zu sammeln.
   d) Ich tausche sie ein und erfülle mir einen Herzenswunsch.

2.2 Warum?
   a) weil ich so am meisten davon habe
   b) einfach weil es mir Spaß macht

3. Ein nicht sehr begüterter Mann erbt eine wertvolle Skulptur und könnte diese sofort günstig verkaufen. Er tut es aber nicht. Warum?
   a) weil er auf den Zeitpunkt wartet, sie noch günstiger zu verkaufen
   b) weil es ihm gefällt, endlich auch etwas Wertvolles zu besitzen
   c) das kann ich mir nicht recht erklären
   d) weil er dann immer noch auf etwas Wertbeständiges zurückgreifen kann

4. Ein kleiner Junge aus Ihrem Bekanntenkreis will Ihnen seine – praktisch wertlose – Briefmarkensammlung für zehn Mark verkaufen, mit der Begründung, seiner Mutter ein Geburtstagsgeschenk kaufen zu wollen. Wie reagieren Sie am ehesten?
   a) Ich gebe ihm die zehn Mark und nehme die Marken.
   b) Ich gebe ihm zehn Mark, nehme die Marken aber nicht.
   c) Ich mache ihm vor allem klar, daß seine Forderung den Wert der Marken übersteigt.
   d) Ich mache ihm den Vorschlag, mir die Hälfte der Marken für sechs Mark zu verkaufen.

5. Ein begeisterter Hobbyfischer erzählt bei jeder Gelegenheit von selten großen Fangerfolgen. Durch Zufall erfahren Sie, daß er aber nur ganz selten etwas fängt. Warum redet er dann so?
   a) weil er ein Angeber ist
   b) vielleicht glaubt er es selber
   c) weil er Neid erregen will
   d) kann ich mir wirklich nicht erklären

6. Warum möchten Sie mehr Geld verdienen?
   a) um mehr ausgeben zu können
   b) um mehr Ansehen zu genießen
   c) um weniger rechnen zu müssen
   d) warum denn eigentlich nicht?

7. Was würden Sie als einen idealen Lebensabend bezeichnen?
   a) vor allem materiell völlig unabhängig zu sein
   b) bis zum letzten Atemzug gesund zu bleiben
   c) einen treusorgenden Partner um sich zu haben
   d) mir bis zuletzt ein paar kleine Wünsche erfüllen zu können

Punkteverteilung:

1. a – 5, b – 2, c – 3, d – 4
2.1 a – 1, b – 0, c – 4, d – 2
2.2 a – 3, b – 2
3. a – 1, b – 4, c – 0, d – 3
4. a – 3, b – 2, c – 0, d – 1
5. a – 1, b – 5, c – 3, d – 4
6. a – 5, b – 3, c – 4, d – 6
7. a – 2, b – 3, c – 5, d – 4

Testergebnis:

10 – 18 Punkte: Geld kann einem doch nicht gleichgültig sein! – Das ist in Ihren Augen sicher eine Binsenweisheit. Es gibt doch keine Situation im Leben, die man ohne Geld genauso gut meistern kann, als wenn man welches hat! Da haben Sie fraglos recht! Aber es sollte doch nicht zum ausschließlichen Lebenszweck werden. Auch ganz wohlhabende Leute sind bekanntlich schon gestorben, und sie hätten vielleicht besser und schöner gelebt, wenn sie ihre Gedanken an Geld hin und wieder einmal ein bißchen hintan gestellt hätten. Das soll ja nicht heißen, daß Sie in Zukunft Geld verachten sollen, aber nehmen Sie es nicht mehr ganz so wichtig!

19 – 27 Punkte: Geld ist Ihnen keineswegs gleichgültig, und je mehr Sie davon hätten, desto lieber wäre es Ihnen. Sie nehmen auch so manche Unbill auf sich, um zu welchem zu kommen und trauern Gelegenheiten nach, wo Sie versäumten, Ihr Geldsäckel aufzufüllen. Doch zum ausschließlichen Lebenszweck könnte es bei Ihnen nie werden, ja, es gibt Situationen, wo es Ihnen ganz gleichgültig wird und Sie vielleicht sogar einen armen Mann beneiden, der etwas hat, das man auch mit allem Geld der Welt nicht kaufen kann. Damit befinden Sie sich auf dem besten Weg des rechten Mittelmaßes, und wenn Sie auch kaum Chancen haben, je steinreich zu werden, so ist Ihnen doch die Garantie für Zufriedenheit gegeben.

28 – 35 Punkte: Geld ist für Sie ausschließlich Mittel zum Zweck. Es ist etwas Abstraktes, das man wohl bedacht handhaben muß, aber an das man keinerlei Gefühle verschwendet. Wenn manchen Leuten eine Lade voll Geld – oder entsprechende Zahlen auf dem Bankauszug – das Herz freudig höherschlagen läßt, so bedeutet das für Sie lediglich den Beweis, daß Sie sich in Ihrer beruflichen Umwelt richtig verhalten haben, daß Sie Erfolg hatten und die eingeschlagene Richtung beibehalten müssen. Geld als solches ist Ihnen also tatsächlich gleichgültig. Der alleinige Besitz an Geld könnte Sie nicht veranlassen, auch nur einen Finger zu rühren. So manchem wäre zu empfehlen, Ihnen nachzueifern.

36. Wie gut können Sie Ihre Ideen durchsetzen?

Eine Idee ist bekanntlich nur dann etwas wert, wenn sie durchgesetzt wird. Und gerade das ist das Kunststück, das nicht jeder beherrscht.

1. Herr B bekam von einem Freund eine Kunststeinfigur für den Garten geschenkt. Herr B. fand die Figur geradezu lächerlich,

wollte den Gönner aber nicht beleidigen und wandte sich an einen anderen Freund um Rat. Der gab ihm gleich drei Ratschläge. Welchen finden Sie am originellsten?

a) die Figur aufstellen und mit schnellwüchsigen Sträuchern einwachsen lassen *3 Punkte*

b) um die Figur eine Gartenlaube bauen, dann wäre sie widmungsgemäß im Garten nicht zu sehen *4 Punkte*

c) das Ding einfach im Garten vergraben *1 Punkt*

2. Sie hätten in Ihrem Betrieb gerne eine interessante Aufgabe übernommen, aber diese wurde einem Kollegen übertragen. Kurz darauf wurde der Kollege krank, und nun wandte sich der Chef an Sie. Er wußte genau, wie gerne Sie ursprünglich diese Arbeit übernommen hätten, und stellte Ihnen daher jetzt auch frei abzulehnen.

   a) Sie lehnen ab. *3 Punkte*

   b) Sie lehnen nicht ab. *1 Punkt*

   c) Sie wissen nicht, wie Sie sich entscheiden würden. *5 Punkte*

3. In einem Lokal beobachten Sie drei Herren, von denen jeder die gemeinsame Zeche begleichen will. Jeder hat dafür ein Argument vorzubringen. Welcher, meinen Sie, wird tatsächlich zahlen, a), b) oder c)?

   a) meint, daß er der älteste ist und darum bezahlen muß. *6 Punkte*

   b) argumentiert, daß er nach bereits zweimalig erfolgter Einladung heute an der Reihe wäre. *2 Punkte*

   c) schlägt vor, einfach zu würfeln. *0 Punkte*

4. Bei einer Gesellschaft unter Freunden führt einer Zaubertricks vor. »Der Zauberer« bittet Sie, ihm ein bißchen behilflich zu sein, und weiht Sie deshalb in einige »magische Geheimnisse« ein. Nach der Darbietung werden Sie bestürmt, etwas von Ihren Erfahrungen preiszugeben. Der Zauberkünstler stellt Ihnen unter allerlei Hokuspokus frei, einem der Anwesenden die Tricks zu verraten. Aber nur einem! Ansonsten würde er Sie

mit einem »Zauberfluch« belegen. Wem flüstern Sie nun die Zaubergeheimnisse ins Ohr?

a) dem kleinen Jungen des Gastgebers *2 Punkte*
b) einer sympathischen jungen Dame *5 Punkte*
c) Ihrem ebenfalls anwesenden Chef *4 Punkte*

5. Mit einem leidenschaftlichen Zigarrenraucher haben sich Freunde folgenden Spaß gemacht: Sie boten ihm eine billige Zigarre an, die sie vorher mit einer imposanten »Bauchbinde« versahen, und priesen sie als besondere Spezialität. Der Zigarrenfan merkte sofort den Streich. Welche seiner möglichen Reaktionen gefiele Ihnen am besten?

a) Er legte den Glimmstengel weg und meinte: »Zug hat sie auch keinen besonderen.« *1 Punkt*
b) Er betrachtete nachdenklich die »Bauchbinde« und sagte dann: »Das ist das Beste an dem Ding.« *5 Punkte*
c) Nach einigen Zügen fragt er: »Könnt ihr mir davon eine Kiste für meinen Chef besorgen?« *3 Punkte*

Testergebnis:

5–9 Punkte: Sie können jede Idee durchsetzen. Ob von Ihnen oder einem anderen, ob sie gut ist oder schlecht. Sie beherrschen es nämlich meisterhaft, andere zu überzeugen. Die Sache hat nur einen Haken: Wenn die Idee einmal in das Stadium der Verwirklichung zu treten beginnt, bekunden Sie an ihr nur mehr mäßiges Interesse. Zwangsläufig muß das also dazu führen, daß man Ihre vorgebrachten Ideen nicht mehr richtig schätzt. Überlegen Sie es sich also in Zukunft zweimal, ehe Sie wieder mit einer neuen Idee anrücken.

10–15 Punkte: Wie sehr vielen Leuten, die ausgezeichnete Ideen haben, fehlt auch Ihnen die sich über alles hinwegsetzende Überzeugungskraft. Nur allzu leicht lassen Sie sich entmutigen – auch das haben Sie mit dem Erdenken neuer Ideen gemeinsam – und reagieren empfindlich auf Kritik, auch wenn diese völlig unangebracht ist. Auf lange Sicht freilich setzen auch Sie Ihre Ideen durch. Nur leider kann Ihnen dann passieren – vielleicht ist es Ihnen sogar schon passiert, daß sich andere Ihrer Idee bemächtigen und sie als die eigene ausgeben.

16 – 20 Punkte: Sie schaffen es mit Ausdauer! Da Sie wissen, daß es seine Zeit braucht, ehe eine gute Idee durchgesetzt werden kann, lassen Sie sich auch Zeit und bereiten alles systematisch vor. Zum guten Schluß bleibt Ihren Partnern dann gar keine andere Wahl, als sich Ihrer Idee zu bedienen. Auf diese langsame Art kommen Sie freilich nicht dazu, gute Ideen »am laufenden Band« zu produzieren, und so kommen Sie auch nicht in den von so manchem begehrten Ruf, in jeder Situation eine geniale Idee zur Hand zu haben. Das braucht Sie aber nicht zu stören! Anderen geht es auch nicht anders.

21 – 25 Punkte: Es scheint ganz merkwürdig mit Ihnen zuzugehen: Sie haben gar keine Lust, Ihre Ideen durchzusetzen. Da es ja kaum der Fall sein dürfte, daß Sie keine haben, muß es eher an einer gewissen Resignation liegen, die von Ihnen Besitz ergriffen hat. Oder ist es einfach nur Bequemlichkeit? Sie haben vermutlich auch bei der Beantwortung einiger Testfragen überraschend lange gezögert, was aber auch darauf schließen lassen könnte, daß Sie sich noch nicht ganz im klaren darüber sind, wo Sie den Hebel zum Ausbau Ihrer Karriere ansetzen sollen.

37. Können Sie schweigen?

Daß Sie sich selbst für verschwiegen wie ein Fisch halten, steht wohl außer Frage. Aber wie denken andere über Sie? Beantworten Sie (ehrlich!) die Testfragen, und Sie werden darüber Bescheid wissen.

1. Machen Sie sich Tagebuchaufzeichnungen?
   Ja: *4 Punkte* Nein: *9 Punkte* Fallweise: *7 Punkte*

2. Haben Sie von Unternehmungen eines guten Bekannten erst von anderen erfahren?
Ja: *9 Punkte* Nein: *6 Punkte* Manchmal: *7 Punkte*

3. Finden Sie es taktlos, wenn über einen Nichtanwesenden intime Dinge erzählt werden?
Ja: *7 Punkte* Nein: *9 Punkte* Manchmal: *4 Punkte*

4. Würden Sie einen Brief mit diskriminierenden Äußerungen über einen guten Bekannten vernichten?
Ja: *7 Punkte* Nein: *9 Punkte* Ich weiß nicht: *6 Punkte*

5. Stellen Sie sich überrascht, wenn Ihnen eine Neuigkeit privater Natur berichtet wird, die Sie schon längst kennen?
Ja: *9 Punkte* Nein: *7 Punkte* Manchmal: *4 Punkte*

6. Wenn Sie einem guten Freund eine Warnung zukommen lassen können, dadurch aber einen Vertrauensbruch begehen müßten, täten Sie es trotzdem?
Ja: *6 Punkte* Nein: *9 Punkte* Vielleicht: *7 Punkte*

7. Finden Sie, daß man über Geschehnisse in seiner Umgebung immer bestens informiert sein muß?
Ja: *7 Punkte* Nein: *4 Punkte* Ich weiß nicht: *9 Punkte*

8. Was halten Sie von Leuten, die manchmal »ihr Herz ausschütten müssen»?
Nicht viel: *7 Punkte* Habe Verständnis: *6 Punkte*
Kenne ich keine: *9 Punkte*

Testergebnis:

40 – 48 Punkte: Man hält Sie für verschwiegen wie den sprichwörtlichen Fisch. So kommt es auch, daß man Ihnen manche interessante Neuigkeit gar nicht anvertraut, da ja manche Leute Wert darauf legen, daß sie weitererzählt wird. Auf diese Art von Vertrauen können Sie aber auch weiterhin gerne verzichten.

49 – 56 Punkte: Daß manche Leute Sie mit einem »Beichtvater« zu verwechseln scheinen, ist noch kein Beweis, daß man Sie für verschwiegen hält. Auch wenn Ihnen das manchmal so vorkommen mag. Im engeren Bekanntenkreis ist man eher mißtrauisch gegen Sie. Nicht etwa, weil man Ihnen einen Vertrauensbruch nachweisen könnte, aber weil Sie Ihre Verschwiegenheit zu oft herausstreichen.

57 – 68 Punkte: Der Schein trügt bei Ihnen: Sie werden für gar nicht verschwiegen gehalten, sind es aber trotzdem in beachtlichem Maße; daß Sie so verkannt werden, liegt vermutlich an Ihrer Offenherzigkeit, die sehr oft fehlgedeutet wird. Es sollte Sie trösten, daß Sie von wirklich guten Freunden richtig eingeschätzt werden.

69 – 72 Punkte: Hatten Sie nicht schon manchmal das Gefühl, daß Ihnen etwas unter dem Siegel strengster Verschwiegenheit mitgeteilt wurde, nur zu dem Zweck, daß es möglichst bald die Runde macht? Ihr Ruf, absolut nichts für sich behalten zu können, hat auch einen großen Vorteil: man behelligt Sie nicht mit dem täglichen Klatsch.

38. Neigen Sie zum Nervenbündel?

Für den ersten Fragenkomplex 1 – 12 notieren Sie sich für jedes JA einen Punkt.

1. Glauben Sie, daß Sie jetzt vergeßlicher sind als früher?
2. Grübeln Sie vor dem Einschlafen nach, auch wenn Sie dies gar nicht wollen?
3. Glauben Sie manchmal, daß Sie im Leben alles falsch gemacht haben?
4. Haben Sie manchmal Angst vor Unbestimmbarem?
5. Haben Sie manchmal das Bedürfnis, widersprechen zu müssen, ohne es dann zu tun?

6. Glauben Sie manchmal, daß früher alles besser und schöner war?
7. Beneiden Sie Jüngere um deren Spannkraft?
8. Glauben Sie, daß Sie nur wenige Ihrer gesteckten Ziele erreicht haben?
9. Gelingt es Ihnen mitunter nicht, unerfreuliche Gedanken einfach zu verbannen?
10. Fühlen Sie sich des öfteren auch nach einem ruhigen Wochenende müde und abgeschlagen?
11. Haben Sie auch ohne ersichtlichen Grund des öfteren Kopfschmerzen?
12. Haben Sie schon manchmal festgestellt, daß Sie grundlos »explodiert« sind?

Die Punkte Ihrer nächsten Antworten sind von der Punktesumme der beiden anderen möglichen Antworten abzuziehen.

1. Jemand drängt sich bei einem Schalter vor:
   a) Das stört Sie nicht, auf die wenigen Minuten Zeitverlust kommt es Ihnen nicht an. *6 Punkte*
   b) Sie weisen den Drängenden entschieden, aber ruhig zurecht. *4 Punkte*
   c) Sie ärgern sich, sagen aber nichts. *2 Punkte*
2. Sie haben nun schon zum drittenmal eine Mahnung auf eine Rechnung bekommen, die Sie schon längst bezahlt haben. Wie reagieren Sie am ehesten?
   a) überhaupt nicht, ich habe ja bezahlt *5 Punkte*
   b) Ich lasse ein geharnischtes Schreiben los. *2 Punkte*
   c) Ich rufe diese schlampigen Brüder einmal an. *3 Punkte*
3. Wovor fürchten Sie sich am meisten?
   a) Krankheit, Arbeitsunfähigkeit *3 Punkte*
   b) Alleinsein, Einsamkeit *4 Punkte*
   c) Auseinandersetzungen, Streit *1 Punkt*

4. Wann fühlen Sie sich besonders müde?
   a) morgens nach dem Aufstehen — *3 Punkte*
   b) nach einem harten Arbeitstag — *4 Punkte*
   c) merkwürdigerweise, wenn ich nur wenig getan habe — *2 Punkte*

5. Was glauben Sie, könnte Sie am ehesten von Ihren schweren Sorgen (irgendwelche haben Sie sicher) befreien?
   a) wenn ich es fertigbrächte, sie zu vergessen — *4 Punkte*
   b) ich glaube, nicht, daß dies möglich wäre — *3 Punkte*
   c) vermutlich nur ein Wunder — *2 Punkte*

6. Welche Geräusche stören Sie am meisten aus der Nachbarwohnung?
   a) TV, Radio, Plattenspieler — *2 Punkte*
   b) laute Stimmen — *3 Punkte*
   c) unbestimmbarer Lärm — *4 Punkte*

Testergebnis:

3 – 15 Punkte: Sie scheinen eines jener Fabelwesen zu sein, dem man »eiserne Nerven« nachrühmt. Was wollen Sie also mehr? Seien Sie nicht ungeduldig mit anderen, die soviel mehr zum Nervenbündel neigen als Sie, und machen Sie sich keinen Spaß daraus, anderen, empfindlicheren Naturen, einen »Nervenzusammenbruch« anzüchten zu wollen. Sie können ja leicht lachen, Sie unschlagbarer Nervenkoloß.

18 – 28 Punkte: Von der Veranlagung her neigen Sie absolut nicht zum Nervenbündel, aber Umwelteinflüsse könnten Sie doch in diese Richtung hindrängen. Lassen Sie sich also nicht »entnerven«. Auch wenn es einmal so aussieht, als ob man es geradezu darauf abgesehen hätte. Schalten Sie innerlich ab – was Sie ja können –, wenn wieder einmal etwas an Ihren Nerven wie an einer Harfe zu zupfen beginnt. Wenn es aber zu arg wird, dann sollten Sie vielleicht hin und wieder einmal »reinen Tisch« machen, das würde Sie nicht nur als Persönlichkeit aufwerten, sondern Sie auch weiter von der Gefahr, ein Nervenbündel zu werden, abrücken.

29 – 37 Punkte: Sie haben harte Belastungen über sich ergehen lassen, und es ist daher kein Wunder, daß Sie jetzt zum Nervenbündel neigen. Aber gerade die überstandenen Belastungen sollten Ihnen ein Ansporn sein: Sie haben doch alles gut überstanden, ein klarer Beweis, daß große Kraft bei Ihnen vorhanden ist. Warum denn also jetzt auf einmal sich aufgeben und gehen lassen? Schlimmer als es war, kann es kaum noch kommen, denn Sie haben ja jetzt schon Erfahrung im harten Nehmen und müssen sich also keineswegs zum Nervenbündel beuteln lassen.

38 – 47 Punkte: Lassen Sie doch die aufreibenden Dinge des Alltags nicht so an sich herankommen. Sie werden sonst eines Tages wirklich noch als bedauernswertes Nervenbündel enden. Sie tendieren nämlich dazu! Überlegen Sie doch: es hat keinen Sinn, sich über Dinge zu ärgern, die man doch nicht ändern kann. Und regen Sie sich vor allem nicht darüber auf, wenn irgendwer auf Ihren »Nervenzustand« keine Rücksicht nimmt. Versuchen Sie, dann einfach zu lächeln. Das ist nicht leicht, gewiß, aber Sie müssen es versuchen, und Sie werden sehen, daß Sie dann vom Nervenbündel abrücken.

39. Leiden Sie unter »Berührungsängsten«?

Haben Sie wirklich »Berührung« mit anderen Menschen? Sind Sie mit ihnen durch das einzigartige, herzliche Medium der Berührung verbunden? Denn die Berührung – liebevoll, freundlich, bedeutungsvoll, warmherzig, menschlich – ist wirklich eine ganz besondere Möglichkeit, Zuneigung oder Freundlichkeit, Verständnis oder Sympathie auszudrücken. Sie kann viel mehr bewirken als bloße Worte.

Oder halten Sie, wie so viele von uns, Schüchternheit, Hemmungen oder sogar Furcht zurück? Oder gibt es bei Ihnen im Unterbewußtsein das Empfinden, daß das Zeigen von Gefühlen, ausgedrückt in der einfachsten der körperlichen Ausdrucksmöglichkeiten, der Berührung, ein fragwürdiges Zeichen von Schwäche ist?

Im Prinzip wissen wir, daß wir außerordentlich töricht sind, wenn wir davor zurückschrecken, mit denen, die uns nahestehen, »in Berührung« zu kommen. Aber wir fürchten uns oft davor, unsere wirklichen Gefühle offen zu zeigen. Wir müssen das allgegenwärtige Problem unseres grundsätzlichen Versagens, uns anderen mitzuteilen, neu sehen. Wir müssen Wege finden, wie wir mit denen, die unsere sichtbaren Gesten ebenso brauchen wie unsere inneren Gefühle, besser »in Berührung« kommen können.

Hier sind einige bohrende Fragen nach diesen Grundsätzen. Ihre Antworten bewerten Sie folgendermaßen:

Jedesmal, wenn Sie ehrlich mit *oft* antworten können, geben Sie sich *10 Punkte.*

Jedesmal, wenn Sie ehrlich mit *manchmal* antworten können, geben Sie sich *5 Punkte.*

Und jedesmal, wenn Sie mit *nie* antworten müssen, geben Sie sich *1 Punkt.*

1. Gehen oder sitzen Sie im täglichen Leben mit einem erwachsenen Menschen Hand in Hand?
2. Schütteln Sie meistens älteren Verwandten oder Freunden die Hand?
3. Tollen Sie mit Ihren (oder anderen) Kleinkindern auf dem Fußboden herum?
4. Wenn Sie jemandem in den Mantel helfen, geben Sie ihm oder ihr dann zum Schluß einen kleinen freundschaftlichen Klaps auf Arm oder Schultern?
5. Gehören Sie zu den Menschen, die einem Kind als Geste der Zuneigung, des Stolzes oder der Freude leicht durch die Haare fahren?

6. Empfangen Sie selbst eine einzelne, aber besonders bedeutungsvolle Berührung, die sofort eine Atmosphäre der Liebe oder Verehrung herstellt?
7. Sind Sie vermutlich betrübt, wenn jemand zu Ihnen sagt: »Rühr' mich nicht an«?
8. Wenn Sie sich einem kranken Menschen nähern, möchten Sie dann ganz instinktiv seine Hand oder seine Hände in Ihre Hände nehmen, gleichgültig, ob Sie es nun tun oder nicht?
9. Reagieren Sie selbst freundlich, wenn man Ihren Arm drückt?
10. Gehören Sie zu den Menschen, um die ein anderer Mensch ohne weiteres seinen Arm legen kann?
11. Machen Ihnen Partyspiele Freude, bei denen erwartet wird, Hände oder Arme der Mitspieler anzufassen?
12. Klettern Kinder (oder Tiere) ohne weiteres auf Ihren Schoß?
13. Haben Sie einen warmen, festen, freundlichen, aber nicht gewaltsamen Händedruck?
14. Berühren Sie bei einer Unterhaltung leicht das Handgelenk oder den Arm Ihres Zuhörers, um einen wichtigen oder amüsanten Punkt zu unterstreichen?
15. Wenn Ihnen bei einer bestimmten Gelegenheit danach zumute ist, legen Sie dann wirklich schützend den Arm um ein Kind oder einen Erwachsenen, statt dieses instinktive Gefühl zu unterdrücken?
16. Beneiden Sie manchmal die südeuropäischen Völker um die Freiheit und Selbstverständlichkeit, mit der sich diese Menschen umarmen?
17. Wie jedermann weiß, gibt es Küsse und Küsse. Aber wenn Sie jemanden – gleich welchen Alters – küssen, meinen Sie es wirklich so?
18. Halten Sie es für etwas Wohltuendes, wenn Sie jemandem einen Klaps auf den Rücken geben?

19. Sind Ihre eigenen Hände ausdrucksvoll, wenn Sie andere Menschen berühren?

20. Glauben Sie ganz allgemein, daß die Menschen es meist bedauern, wenn sie Gelegenheiten versäumen, auf diese Art mit anderen Menschen »in Berührung« zu kommen, wo es ihnen doch so leicht möglich gewesen wäre?

Testauswertung:

Wer 150 oder mehr Punkte erreicht hat, kennt genau die magische Sprache der Berührung und braucht keine zusätzlichen Anweisungen.

Wenn Sie über 100, aber unter 150 Punkte erreicht haben, so zögern Sie oft an der Grenze zwischen einer ehrlichen »Berührung« Ihrer Mitmenschen und hochmütiger oder unkluger Zurückhaltung. Warum lassen Sie nicht einmal abwechslungshalber Ihre Handlungen von den instinktiven Gefühlen bestimmen? Die Chancen einer Abfuhr sind bedeutend geringer als Sie sich vorstellen. Und der Gewinn, den Sie haben **und** spenden, ist enorm. Versuchen Sie es, und erleben Sie es!

Wenn Sie weniger als 100 Punkte erreicht haben, kann man bei Ihnen wirklich nicht von »Berührung« sprechen. Liebe, Freundlichkeit, Freundschaft, Sympathie, Verständnis – alles ist nichts wert, wenn man es nicht zeigt. Vermutlich spüren Sie das auch – mehr oder weniger. Und doch scheuen Sie die einfachsten körperlichen Signale. Damit ist die Welt bedeutend ärmer. – Denken Sie über die Worte nach, die kürzlich ein Arzt zu diesem Thema sagte: »Berührung hat ihren eigenen Zauber. Sie kann Liebe ausdrücken und Schmerzen lindern und der Menschheit mehr Menschlichkeit geben.«

40. Durchschauen Sie Lügen?

Dick aufgetragene Lügen sind vielleicht zu durchschauen, aber manchmal geht es doch nur mit dem Gefühl. Haben Sie es? Und können Sie sich darauf verlassen?

1. Haben Sie manchmal das Gefühl, daß andere viel mehr erleben als Sie?
   a) ja
   b) sehr selten
   c) eher nein
   d) auf keinen Fall
2. Erzählen Ihnen manchmal flüchtige Bekannte Dinge, die Sie gar nicht wissen wollen?
   a) ist mir noch nicht aufgefallen
   b) bis zum Überdruß
   c) nein
   d) eher ja
3. Glauben Sie, daß Sie manchmal für mißtrauisch gehalten werden?
   a) glaube ich nicht
   b) ist mir völlig gleichgültig
   c) ich glaube, ja
   d) es wäre mir nur recht
4. Wann empfinden Sie am ehesten für einen anderen Sympathie?
   a) wenn er ein gutes Benehmen hat
   b) wenn er nicht zuviel redet
   c) das ist reine Gefühlssache
   d) wenn er freundlich ist
5. Es hat Sie sicher schon einmal jemand enttäuscht. Warum?
   a) Ich hatte wohl zu große Erwartungen gesetzt.
   b) Das ist nicht so einfach zu beantworten.
   c) Ich hatte mich selbst wohl auch nicht richtig verhalten.
   d) Das möchte ich selber gerne wissen!

6. Jemand erzählt Ihnen eine unglaubwürdige Geschichte. Wie würden Sie diese am ehesten zu überprüfen trachten?
   a) indem ich frage, wer noch dabei war
   b) gar nicht, es wäre mir viel zu gleichgültig
   c) Ich würde sie mir öfter erzählen lassen und darauf achten, ob es vielleicht Abweichungen gibt.
   d) Ich würde anregen, daß sie der Erzähler auch noch anderen berichtet; wenn er ablehnt, ist sie erlogen.
7. Mit wem unterhalten Sie sich am liebsten?
   a) mit guten Freunden.
   b) mit jedem; man kann immer etwas profitieren.
   c) mit Leuten, die mir nicht gleich ihre privaten Sorgen erzählen.
   d) Es ist mir egal, Hauptsache, es stellt sich heraus, daß wir die gleichen Interessen haben.

Punkteverteilung:

1. a – 0, b – 1, c – 2, d – 3
2. a – 0, b – 4, c – 1, d – 2
3. a – 0, b – 4, c – 2, d – 3
4. a – 2, b – 0, c – 3, d – 1
5. a – 2, b – 1, c – 3, d – 4
6. a – 2, b – 4, c – 3, d – 0
7. a – 1, b – 4, c – 2, d – 3

Testergebnis:

Bis 6 Punkte: Es muß einer schon sehr dick auftragen, damit Sie merken, daß er Sie bewußt und einen bestimmten Zweck verfolgend belügt. Sie sind eben ein sehr unbefangener Mensch, der es trotz so mancher schlechter Erfahrung eben immer noch nicht glauben kann, daß andere irgendeines Vorteils wegen die dicksten Unwahrheiten auftischen. Sie sollten aufpassen, daß Sie dadurch nicht einmal in eine schiefe Situation geraten!

7 – 12 Punkte: Sie fühlen sehr deutlich, wenn Ihnen jemand nicht die Wahrheit sagt, und richten sich auch sofort geistig darauf ein. Leider wird aber gerade das von anderen sehr schnell bemerkt, und das Gegenüber hat somit Gelegenheit, aus der Falle, die Sie stellen könnten, zu entwischen. Vielleicht sollten Sie sich bemühen, einen unbefangeneren Eindruck zu machen, wenn Sie wieder einmal merken, daß Sie bewußt belogen werden.

13 – 19 Punkte: Sie fühlen es manchmal sehr wohl, wenn Sie belogen werden, aber irgend etwas in Ihnen wehrt sich, es auch richtig zur Kenntnis zu nehmen. Ihre Zweifel – »hat er nun gelogen oder nicht?« – sind dann für Sie geradezu zermürbend, was wiederum zur Folge hat, daß das Gefühlsmäßige stark in den Hintergrund gedrängt wird, Sie aber von der sachlichen Überlegung aus zu keinem rechten Resultat kommen. Verlassen Sie sich also mehr auf Ihr Gefühl. Es trügt weniger als manchmal angestellte Erwägungen.

20 – 26 Punkte: Sie haben einen gut ausgeprägten Instinkt für Wahrheit oder Lüge und verstehen es überdies, es sich nicht anmerken zu lassen, wenn Sie Ihr Gegenüber durchschaut haben. Dadurch sind Sie auch davor gefeit, in irgendeine durch Lügen aufgebaute Falle zu stolpern. Vielleicht sollten Sie sich bemühen, es darauf anzulegen, daß sich der andere in seinem Lügengestrüpp verfängt. Es scheint so, als ob Sie das ansatzweise mitunter schon zuwege gebracht hätten.

41. Haben Sie Sinn fürs Praktische?

Der Sinn fürs Praktische geht manchem völlig ab. Der andere wieder hat zuviel davon. Wie steht es bei Ihnen? Der Test kann es Ihnen beantworten.

Welche der fünf nachfolgenden Bilder wäre Ihrer Meinung nach am ehesten geeignet, für einen See zu werben, auf dem während der Urlaubszeit Schiffs- und Bootsfahrten unternommen werden können?

Die Punkte des ausgewählten Fotos ziehen Sie von der Punktesumme der übrigen vier ab. Der Rest ist das Testergebnis:

Foto A: 2 Punkte
Foto B: 4 Punkte
Foto C: 3 Punkte
Foto D: 2 Punkte
Foto E: 5 Punkte

Foto A

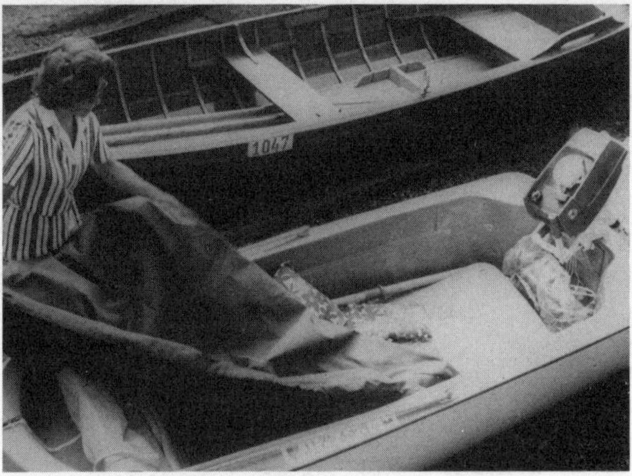

Foto B

Foto C

Foto D

Foto E

Testergebnis:

6 Punkte: Die Liebe zum Praktischen kann manchmal auch übertrieben werden. Es ist fraglos sehr praktisch, etwa den Müll zum Fenster hinauszuwerfen. Aber dabei treten doch eine Reihe anderer Faktoren sehr deutlich auf den Plan! An dieses bewußt übertriebene Beispiel sollten Sie denken, wenn Sie sich wieder einmal in Überlegungen über Wert und Unwert anderer als nur praktischer Erwägungen vertiefen! Bei Ihnen besteht nämlich leicht die Gefahr, daß alle Ihre Handlungen in dem geradezu verbissenen Bestreben, allen einen ausschließlich praktischen Sinn zu geben, im Endergebnis zur Belanglosigkeit verflachen.

8 Punkte: Leute, die immer nur praktisch denken, scheinen Ihnen nicht ganz geheuer zu sein. Man kann doch bei den vielfältigen Belangen des Lebens nicht immer nur den praktischen Wert eines Geschehens im Auge haben! So urteilen Sie – und dokumentieren damit fraglos einen hohen ethischen Wert Ihres Charakters. Andererseits ist aber ernsthaft zu befürchten, daß Sie bei Außerachtlassung jedweder praktischer Überlegung eines schönen Tages in einer Art von Wolkenkuckucksheim landen. Verachten Sie also die praktisch Denkenden nicht zu sehr. Versuchen Sie doch eher, zumindest hie und da, ihnen ein bißchen etwas abzuschauen.

10 Punkte: Ihren Sinn fürs Praktische kann man als außerordentlich gut entwickelt bezeichnen. Sie erwägen sehr schnell und treffend, wenn praktisch gedacht werden muß, übersehen dabei aber keinesfalls, daß es auch andere Motivationen gibt, vor denen praktische Überlegungen zurückgestellt werden müssen. Von Freunden und Bekannten werden Sie um diese Fähigkeit oft beneidet, und man hat Sie sicher auch schon zu kopieren versucht. Seien Sie aber sparsam mit Ratschlägen, wenn man Sie um solche angeht. Den praktischen Sinn kann man nicht auf andere übertragen. Er muß einem angeboren sein! Und man kann ihn nur für sich selbst auswerten, auf andere übertragen, kann es nur zu einem Durcheinander kommen.

12 Punkte: Als ausgesprochen ausgeglichener Charakter, der Sie sind, ist auch Ihr Sinn fürs Praktische dementsprechend ausgebildet. Sie werden, um sich selbst oder einem nahestehenden Menschen eine Freude zu bereiten, niemals auf das Nur-Praktische ausgerichtete Erwägungen vorziehen. Nebensächliche oder auch alltägliche Belange werden Sie allerdings immer nur von der Perspektive des Praktischen her beurteilen. Aber auch dabei schießen Sie niemals übers Ziel. Um es »praktisch« auszudrücken: Sie werden nie ein Möbelstück kaufen, nur weil es praktisch ist, sondern auch auf gefällige Form und Stil dabei achten. Besser kann man es also nicht wollen!

42. Können Sie Ihr Geld einteilen?

Es ist keine Kunst, mit seinem Geld auszukommen, wenn man mehr verdient, als man braucht. Aber wer ist schon in dieser glücklichen Lage?

1. Ein Kollege borgt sich andauernd Geld aus. Er hat schon überall Schulden. Schließlich kommt er auch zu Ihnen. Wie reagieren Sie?
   a) Ich versuche, auf ihn einzuwirken.
   b) Eine Kleinigkeit leihe ich ihm auch.
   c) Ich sage, ich sei auch in Geldschwierigkeiten.
   d) Ich lehne es einfach ab, ihm etwas zu borgen.
2. Können Sie auf den Pfennig genau sagen, wieviel Geld Sie in Ihrem Portemonnaie haben?
   a) jederzeit
   b) auf den Pfennig genau nicht
   c) kann das überhaupt jemand?
   d) genau nicht, nur ungefähr
3. Könnten Sie, wenn es darauf ankäme, alle Ihre finanziellen Verpflichtungen auf einmal begleichen?
   a) nein
   b) ja
   c) Wenn ich das könnte, hätte ich keine Schulden zu machen brauchen.
   d) Ja, aber dann wüßte ich nicht, wie ich weitermachen soll.
4. Haben Sie schon auf ein Vergnügen verzichtet, obwohl Sie es sich finanziell ohne weiteres leisten können?
   a) des öfteren
   b) Warum sollte ich?
   c) nein
   d) eher ja
5. Was halten Sie von Ratenkäufen?
   a) sind oft nicht zu umgehen

b) größere Anschaffungen, z. B. Auto, ja. Sonst nicht!
c) lehne ich grundsätzlich ab
d) Warum nicht?

6. Glauben Sie, daß man geneigt ist, bei bargeldloser Zahlung mehr auszugeben als bei Barzahlung?
a) natürlich
b) ich glaube, nicht
c) auf keinen Fall
d) wahrscheinlich ja

7. Was halten Sie von dem Slogan »Ratenkauf ist sparen im nachhinein«?
a) stimmt doch ganz genau
b) ein Irrtum
c) ich weiß nicht recht
d) schon möglich

8. Ist Ihnen vielleicht schon aufgefallen, daß manche Leute eine Menge Geld einnehmen und trotzdem nie zu etwas kommen?
a) Das gibt es doch gar nicht.
b) Ja, das gibt es tatsächlich.
c) Mir ist das noch nie aufgefallen.
d) schon möglich

9. Glauben Sie, daß in Ihrer Familie in den letzten Jahren etliches Geld ausgegeben wurde, das man leicht hätte einsparen können?
a) eher nicht
b) zweifellos ja
c) keineswegs
d) ja, aber nicht vergeudet

10. Wundern Sie sich manchmal über die großen Ausgaben Ihrer Nachbarn oder Freunde?
a) ja
b) ist mir nicht aufgefallen
c) nein
d) sehr oft sogar

11. Wenn Sie in einem Selbstbedienungsladen einkaufen, wie genau wissen Sie, was Sie an der Kasse werden bezahlen müssen?
    a) auf ein bis zwei Mark genau
    b) Das ist sehr unterschiedlich.
    c) Ich weiß es nie so genau.
    d) Ich irre mich manchmal um fünf bis zehn Mark.
12. Was halten Sie von Leuten, die mit einem Taschenrechner im Selbstbedienungsladen ihre Einkäufe kontrollieren?
    a) sind mir noch nie aufgefallen
    b) mache ich mitunter auch
    c) Ich glaube nicht, daß man da etwas spart.
    d) Das ist eine gute Idee!

Punkteverteilung:

zu	a	b	c	d		zu	a	b	c	d	
1.	1	2	3	4	Punkte	7.	1	5	0	2	Punkte
2.	5	3	0	2	Punkte	8.	0	5	1	2	Punkte
3.	1	4	2	3	Punkte	9.	0	2	3	1	Punkte
4.	3	1	0	2	Punkte	10.	2	0	1	3	Punkte
5.	2	4	3	1	Punkte	11.	6	1	3	4	Punkte
6.	2	3	4	1	Punkte	12.	0	4	2	3	Punkte

Testauswertung:

5 – 10 Punkte: Sie meinen, daß man doch immer nur Geld ausgeben kann, das man auch hat. Das ist richtig. Aber es stellt sich natürlich die Frage, wann und wie man es ausgibt und ob man auch ein bißchen vorausplant. Dann freilich darf man keine lockere Hand haben! Bedenken Sie das!

11 – 18 Punkte: Es scheint, als ob Sie manchmal ein bißchen die Übersicht verlören. Glücklicherweise merken Sie das aber immer rechtzeitig und bringen dann Ihre vielleicht etwas durcheinandergeratenen Finanzen wieder ins Lot.

19 – 27 Punkte: Sie sind gewiß ein großer Sparmeister. Sie sparen sogar an sich selbst, was bestimmt ein sehr schöner und lobenswerter Zug ist – aber doch nicht immer zum erwünschten Erfolg führt. Es kommt nun einmal allein darauf an, das zur Verfügung Stehende geschickt und umsichtig einzuteilen. Und da hapert es bei Ihnen ein bißchen.

28 – 37 Punkte: Sie haben eine sehr gute Hand zum Geld einteilen. Selbst in kritischen Situationen schaffen Sie es immer, noch eine kleine Reserve »für alle Fälle« zurückzulegen. Hauptsache ist ja, daß man die generelle Übersicht nicht verliert. Und das ist bei Ihnen nie der Fall.

38 – 42 Punkte: Sie haben immer einen sehr guten Überblick über Ihre finanzielle Situation, und das sogar auf längere Sicht. Es gäbe so manchen, der von Ihnen das Geldeinteilen lernen könnte!

43 – 50 Punkte: Sie können Ihr Geld einteilen! Man müßte vorschlagen, Sie zum Finanzminister zu machen. Das Land, dessen Gelder Sie verwalten, hätte bestimmt nie mehr ein Defizit. Bravo! Von Ihnen kann man lernen!

43. Wer ist in Ihrem Leben der Boß?

Haben Sie zu Hause die Hosen an und treffen alle Entscheidungen? Sind Sie der alles beherrschende Typ, oder sind Sie nur die kleine Maus, zu ängstlich, um Ihre Meinung zu sagen, aus Furcht, Ihren Partner zu verärgern?

Dieser Test kann Ihnen helfen herauszufinden, wer zu Hause das Sagen hat.

1. Sieht Ihr Partner Sie als
   a) Vater-/Mutterfigur?
   b) jemanden, um den man sich kümmern muß?
   c) einen gleichwertigen Partner bei Familienfragen?

2. Wenn Ihr Partner berühmt würde, wären Sie
   a) entzückt?
   b) eifersüchtig?
   c) höchst überrascht?
3. Sie kommen mit schlechter Laune zu einer Verabredung. Wird er/sie
   a) sie Ihnen allmählich ausreden?
   b) so mißlaunig werden wie Sie?
   c) Ihnen sagen, nicht alles übergenau zu nehmen?
4. Wenn Ihr Partner eine schwerwiegende Entscheidung zu treffen hat,
   a) spricht er mit Ihnen darüber?
   b) macht er es im Alleingang?
   c) folgt er Ihrem Rat?
5. Wer möchten Sie am liebsten sein?
   a) Margaret Thatcher oder Präsident Reagan
   b) Tina Turner oder Udo Jürgens
   c) Judy Winter oder Prinz Andrew
6. Sie sind bei einem wichtigen gesellschaftlichen Anlaß aufgefallen. Ist Ihr Partner später
   a) böse?
   b) unangenehm berührt?
   c) amüsiert?
7. Wenn Sie herausfänden, daß Ihr Partner Sie betrogen hätte, würden Sie
   a) ihm/ihr Ihre Meinung sagen und es dann vergessen und vergeben?
   b) ihn/sie verlassen?
   c) auf Monate oder Jahre beleidigt sein?
   d) sich sagen, so sind die Menschen nun mal, und sich damit abfinden?

8. Wenn einer von Ihnen bei der Liebe keinen Höhepunkt erreicht, sind das häufiger
   a) Sie?
   b) Ihr Partner?
9. Wenn Ihr Partner etwas plant, das in Ihren Augen ein Fehler zu sein scheint,
   a) sagen Sie ihm, den Plan zu ändern?
   b) erzählen Sie ihm Ihre Bedenken?
   c) halten Sie den Mund und denken: er/sie wird es schon wissen?
10. Wessen Freunde werden am häufigsten eingeladen?
   a) Ihre
   b) die Ihres Partners
   c) oder haben Sie fast nur gemeinsame Freunde
11. Wenn Sie einen Vorschlag machen, ist Ihr Partner meistens
   a) einverstanden?
   b) macht er/sie einen Alternativvorschlag, den Sie akzeptieren?
   c) geht er/sie auf Ihren Vorschlag ein unter der Bedingung, daß beim nächsten Mal seinem Wunsch nachgekommen wird?
12. Wenn er/sie krank ist, sind Sie
   a) voller Sympathie?
   b) ärgerlich?
   c) unsicher und hilflos?
13. Wer behält bei Auseinandersetzungen meistens recht?
   a) Sie
   b) Ihr Partner
   c) niemand, Sie stimmen überein
14. Welche dieser Farben gefällt Ihnen am besten?
   a) Rot
   b) Blau
   c) Gelb
   d) Grün

15. Ihr Partner meint, Sie hätten zuviel Geld für etwas ganz Persönliches ausgegeben:
    a) Fühlen Sie sich schuldig?
    b) Weisen Sie darauf hin, daß Sie ja schließlich für Ihr Geld arbeiten und berechtigt sind, es zu Ihrer Freude auszugeben?
    c) Haben Sie einen heftigen Streit?
16. Wer wählt die meisten Ihrer Anschaffungen aus, wie Möbel, Lampen etc.?
    a) Sie
    b) Ihr Partner
    c) sie beide zusammen
17. Ihr Partner kritisiert mit Grund etwas, was Sie getan haben:
    a) Verteidigen Sie sich ärgerlich und schwören, es ihm/ihr heimzuzahlen?
    b) Geben Sie ihm/ihr recht und versuchen, die Sache in Ordnung zu bringen?
    c) Erklären Sie, warum Ihre Handlungsweise zu dem Zeitpunkt das einzig Richtige zu sein schien?
18. Sie brauchen einen neuen Anzug/ein neues Kleid:
    a) Kaufen Sie es sich?
    b) Kaufen Sie es nur, wenn Ihr Partner einverstanden ist?
    c) Wenn er/sie einverstanden ist, suchen sie es/ihn zusammen aus?

Für die Dame

19. Was ist so Besonderes an ihm?
    a) Er erinnert Sie an Ihren Vater.
    b) Er ist so sexy.
    c) Er erweckt das Gefühl, daß man sich um ihn kümmern muß.

Für den Herrn

20. Was beeindruckte Sie zuerst an ihr?
    a) Ihre etwas verschüchterte Art weckte Ihren Beschützerinstinkt.
    b) Ihr Sinn für Humor
    c) Ihre Oberweite

Punkteverteilung:

1. a – 2, b – 0, c – 1
2. a – 1, b – 0, c – 2
3. a – 0, b – 2, c – 1
4. a – 1, b – 0, c – 2
5. a – 2, b – 1, c – 0
6. a – 1, b – 2, c – 0
7. a – 2, b – 2, c – 1, d – 0
8. a – 2, b – 0
9. a – 2, b – 1, c – 0
10. a – 2, b – 0, c – 1
11. a – 2, b – 0, c – 1
12. a – 2, b – 1, c – 0
13. a – 2, b – 0, c – 1
14. a – 0, b – 3, c – 2, d – 1
15. a – 0, b – 2, c – 1
16. a – 2, b – 0, c – 1
17. a – 1, b – 0, c – 2
18. a – 2, b – 1, c – 0
19. a – 0, b – 1, c – 2
20. a – 2, b – 1, c – 0

Testauswertung:

0 – 12 Punkte: Vielleicht macht es Ihnen Freude, immer das zu tun, was Ihr Partner für richtig hält. Oder möchten Sie nicht doch ab und zu mal zu verstehen geben, daß Sie eigentlich anderer Meinung sind oder es vielleicht sogar besser wissen? Wenn er/sie aber dennoch darauf besteht, in allem der Boß zu sein, dann sollten Sie sich vielleicht doch nach einem anderen Partner umsehen, der Sie und Ihre Meinung zu schätzen weiß und anerkennt.

13 – 26 Punkte: Ihr Verhältnis zueinander ist das von gleichwertigen Partnern. Der einzige Nachteil könnte sein, daß Sie langwierig argumentieren oder auch Streit haben, wenn keiner die Entscheidung allein übernimmt. Ideal ist es, wenn derjenige entscheidet, der von der Sache am meisten betroffen ist.

27 – 39 Punkte: Sie sind ohne Zweifel der Boß. Vielleicht sind Sie beide glücklich mit dieser Lösung, aber vielleicht wäre Ihre Beziehung zueinander viel ausgewogener, wenn Sie Ihren Partner auch mehr als solchen behandelten. Sie verlieren nichts an Ansehen, wenn Sie manchmal zugeben, daß er/sie auch mal recht haben könnte, oder ihn/sie gar um Rat fragen. Wenn es sich sogar um eine Entscheidung handelt, die Sie beide betrifft, haben Sie nicht das Recht, sie allein zu treffen.

44. Könnten Sie ein Jet-Setter sein?

Sollten Sie vorhaben, ein Hollywood-Superstar, eine Prinzessin oder ein Rock-Idol zu werden, dann stellen Sie erst einmal fest, ob Ihnen das Leben gefallen würde, laufend zwischen München, Rom, Paris, New York und Los Angeles herumzufliegen, abgesehen von all dem Klatsch, der ständig über Sie in Umlauf wäre.

1. Wessen Lebensstil sagt Ihnen am meisten zu? Der von
   a) Tina Turner?
   b) Julio Iglesias?
   c) der Queen?
2. Als was oder wer möchten Sie am liebsten auf einen Maskenball gehen?
   a) Valentino oder Marilyn Monroe

b) Lumpensammler oder Hexe
c) als Sie selbst, weil Sie sich im Kostüm albern vorkommen

3. Wen fragen Sie am häufigsten um Rat?
   a) Ihren Steuerberater
   b) Ihren Rechtsanwalt
   c) Ihren Bankdirektor
4. Wohnen Sie
   a) in einer Großstadt?
   b) auf dem Land?
   c) in einem Vorort?
   d) in einer Provinzstadt?
5. Ihr alltäglicher Drink ist
   a) Whisky oder Bier?
   b) Gin, Wodka, Rum oder Martini?
   c) Sherry, Likör oder Dubonnet?
   d) Wein?
6. Wo lösen Sie Ihre Schecks am häufigsten ein?
   a) in Restaurants und Bars
   b) bei Ihrer Bank
   c) bei irgendeiner Bank
7. Welches ist Ihr idealer Ferienort?
   a) Westindien
   b) Spanien
   c) Südfrankreich
8. Wo parken Sie am meisten?
   a) auf einem Autoparkplatz
   b) an einer Parkuhr
   c) wo es verboten ist
9. Welche Erfindung macht Ihnen im Leben die größte Freude?
   a) Champagner
   b) Discos
   c) die Video-Kassette

10. Wo darf eine Frau »oben ohne« gehen?
a) nur am FKK-Strand
b) wo immer sie Lust hat
c) nur im Bad

11. Was tun Sie, wenn Ihre Verabredung zum Abendessen im letzten Moment platzt?
a) Sie finden schnell Ersatz.
b) Sie gehen allein zum Essen.
c) Sie essen zu Hause – allein.

12. Zu welcher Gelegenheit suchen Sie am sorgfältigsten Ihre Garderobe aus, die Sie tragen?
a) zur Arbeit
b) für die Freizeit
c) für beide Gelegenheiten

13. Wo waren Sie, als Sie das letzte Mal ausgingen?
a) in Ihrem Stammlokal
b) in einem Ihnen unbekannten Restaurant
c) im Kino

14. Arbeiten Sie
a) mit festen Büro- oder Arbeitsstunden?
b) selbständig?
c) wie es gerade anfällt?

15. Was bedeutet für Sie ein Picknick?
a) Kartoffelsalat mit Würstchen
b) belegte Brote mit Thermosflasche
c) kalte Salate und Wein

16. Wie geben Sie Ihr Geld aus?
a) bar
b) mit Scheck
c) mit Kreditkarte

17. Wo sind Sie am glücklichsten?
a) zu Hause

b) bei einem gemütlichen Restaurantbesuch nur mit Ihrem Partner
c) im Freundeskreis

18. Wenn Sie zu viel getrunken haben, sind Sie
a) müde
b) liebesbedürftig
c) zänkisch
d) lustig

19. Sie haben etwas Geld gewonnen. Was tun Sie?
a) Sie legen es auf Ihr Bankkonto.
b) Sie laden Ihren Partner zu einem besonders netten Abend ein.
c) Sie geben eine Mordsparty.

20. In welchem Auto säßen Sie am liebsten am Steuer?
a) einem neuen Rolls-Royce
b) einem neuen Mercedes
c) einem neuen BMW
d) einem alten Rolls-Royce

Punkteverteilung:

1. a – 2 , b – 0 , c – 0
2. a – 2 , b – 0 , c – 0
3. a – 2 , b – 0 , c – 1
4. a – 2 , b – 1 , c – 0 , d – 0
5. a – 0 , b – 2 , c – 0 , d – 1
6. a – 2 , b – 0 , c – 1
7. a – 2 , b – 0 , c – 1
8. a – 0 , b – 1 , c – 2
9. a – 2 , b – 2 , c – 0
10. a – 0 , b – 2 , c – 0
11. a – 2 , b – 1 , c – 0
12. a – 0 , b – 1 , c – 2
13. a – 0 , b – 2 , c – 1
14. a – 0 , b – 2 , c – 1

15. a – 0 , b – 0 , c – 2
16. a – 0 , b – 1 , c – 2
17. a – 0 , b – 1 , c – 2
18. a – 0 , b – 0 , c – 2 , d – 1
19. a – 0 , b – 0 , c – 2
20. a – 0 , b – 0 , c – 2 , d – 2

Testauswertung:

30 – 40 Punkte: Sensationell! Ihr Lebensstil ist wie geschaffen für einen Jet-Setter, vollkommen ausgeglichen und der internationalen Jet-Society angepaßt! Sie können sich jedem Trend dieser wandelbaren Gattung anpassen.

15 – 29 Punkte: Sie verstehen es, ein gutes Leben zu führen, aber wahrscheinlich wären Sie es nach einigen Monaten auch leid. Schließen Sie einen Kompromiß – werden Sie freier Journalist und folgen den Reichen und Unbekümmerten, wie sie der Sonne folgen. Man wird Sie immer gern sehen, denn diese Menschen lieben es, wenn in den Zeitungen über sie geschrieben wird.

0 – 14 Punkte: Vergessen Sie den ganzen Jet-Set! Sie sind nicht der Typ, der auf Anhieb mal eben nach Los Angeles fliegt. Sie trauen es sich kaum zu, auf die schnelle ein Flugticket zu bestellen und bei der Ankunft kämen Sie sich möglicherweise völlig verloren vor.

45. Essen Sie zuviel?

Essen ist eine der schönsten Nebenbeschäftigungen der Welt, sagt mancher. Sind Sie auch dieser Ansicht? Lösen Sie diesen Test, vielleicht setzen Sie sich dann selbst auf halbe Ration.

1. Was tun Sie von diesen drei Dingen am liebsten?
   a) essen

b) Essen vorbereiten
c) einkaufen

2. In einem Supermarkt gibt es Sonderangebote von zehn verschiedenen Produkten. Kaufen Sie
   a) etwas von allem, ohne Bedenken, ob Sie es mögen oder nicht?
   b) nur das, was Sie auch essen werden?
   c) gar nichts, weil Sie nichts davon mögen?
3. Gehen Sie zu solchen Anlässen, wo man ungeniert so viel essen kann, bis einem fast übel wird?
   a) oft
   b) manchmal
   c) nie
4. Wenn Sie deprimiert sind,
   a) essen Sie dann etwas, meistens etwas Süßes?
   b) reden Sie sich bei Kaffee und Kuchen im Freundeskreis Ihren Kummer von der Seele?
   c) denken Sie darüber nach, warum Sie momentan deprimiert sind und versuchen Sie, sich abzulenken?
5. Ihr Kühlschrank ist leer:
   a) Geraten Sie in Panik und laufen los, um ihn aufzustocken?
   b) Fühlen Sie sich ein bißchen unbehaglich bei dem Gedanken, daß nichts zu essen da ist, falls Sie etwas brauchen?
   c) Denken Sie: »Na, morgen muß ich aber einkaufen«?
6. Wie oft wiegen Sie sich?
   a) täglich
   b) alle paar Tage
   c) einmal in der Woche, falls Sie gerade daran denken
7. Wo heben Sie Ihre Nahrungsmittel auf?
   a) im Kühlschrank, in der Tiefkühltruhe, in dem Küchenschrank, in Fruchtschalen, Konfektschachteln, Schubläden, in der Handtasche, im (Auto-)Handschuhfach, in Manteltaschen, im Nachtkästchen oder an noch anderen Plätzen

b) im Kühlschrank oder in der Kühltruhe, im Küchenschrank, in Fruchtschalen, in Ihrer Handtasche bzw. Hosentasche
c) im Kühlschrank bzw. in der Kühltruhe, im Küchenschrank, in der Fruchtschale.

8. Sie haben 10 oder mehr Pfund Übergewicht und entscheiden sich für eine Diät. Wählen Sie
a) eine Diät, von der Sie glauben, daß sie Ihnen schmecken könnte, kaufen alle Sachen für zwei Wochen ein und brechen die Diät nach zwei Tagen ab?
b) eine Diät, die Ihnen schon einmal geholfen hat, kaufen entsprechende Vorräte für eine Woche und brechen die Kur nach vier Tagen ab?
c) Hungern Sie den ersten Tag, wählen dann eine Diät, die Ihnen zusagt und halten das Ganze auch eine Woche durch?

9. Sind Sie ein »heimlicher« Esser?
a) ja, leider
b) ja, aber nur manchmal
c) nein, fast nie

10. Sie hatten einen miesen Tag im Büro oder zu Hause und meinen, sich selbst etwas Gutes bieten zu wollen. Beim ersten Bissen denken Sie:
a) Das hab' ich einfach heute verdient, nach all dem, was geschehen ist.
b) Ich weiß, ich sollte das nicht essen, ich mach' ja schließlich eine Kur, aber. . .
c) Nur einen Happen! (Und mit großer Selbstdisziplin bleibt es auch bei nur einem Happen.)

11. Eine Bekannte stellt – nicht böswillig – fest, daß Sie in letzter Zeit etwas Speck angesetzt hätten. Sie
a) gehen sofort nach Hause und essen sich rundherum satt. Am nächsten Tag kaufen Sie sich ein neues Kleid/Anzug (eine Nummer größer, das soll Sie aber schlanker wirken lassen).

b) fühlen sich verunsichert, essen aber erst mal etwas »gegen den Kummer« und beschließen später, sich auf Diät zu setzen.
c) schauen sich kritisch im Spiegel an, erkennen die »Wahrheit« und entscheiden sich für eine entsprechende Hungerkur.

12. Was würde Ihnen jetzt in diesem Moment am besten schmecken?
a) 3 Tafeln Schokolade, ein halbes Toastbrot und Marmelade, eine Cremetorte, eine Pizza, eine Portion Eiscreme
b) 2 Tafeln Schokolade mit anschließend einem halben Pfund Käse, ein paar Scheiben trockener Kuchen und 1 Paar Wiener Würstchen
c) 1 Tafel Schokolade, 1 Glas Limonade, 1 Eckchen Käse, 2 Tomaten, 1 Apfel

13. Wenn Sie mal zuviel gegessen haben, fühlen Sie sich
a) so schuldbewußt, daß Sie zwangsläufig noch mehr essen?
b) leicht schuldig und nehmen sich vor, nicht mehr soviel zu essen (bis zum nächsten Mal)?
c) nur insofern schuldig, als Sie am nächsten Tag weniger essen, um das wieder wettzumachen?

14. Einer der Hauptgründe, mit Freunden im Restaurant zu essen, ist
a) ein gutes Essen zu genießen, das etwas ungewöhnlicher ist als üblich, wobei Sie gleichzeitig richtig klatschen können über Männer, Kinder, Geld und ob dieses Essen so gut ist wie in anderen Restaurants, wo Sie auch schon waren.
b) sich etwas »Besonderes« zu gönnen und nebenbei mit Ihrer Begleitung so richtig ausgiebig mal über alles zu reden.
c) einem kulinarischen Genuß zu frönen, ein Essen einzunehmen, das Ihnen nicht durch Einkaufen und Vorbereitung schon den Appetit daran nimmt. Die Qualität des Essens spielt in Ihrer Unterhaltung kaum eine Rolle.

15. Ihre erste Reaktion, als Sie diesen Test sahen, war,
  a) verschiedenes Eßbares vor sich auszubreiten, bevor Sie die Fragen beantworten.
  b) ein Stück Schokolade vor sich hinzulegen und dann Bleistift und Papier zu holen.
  c) spontan diese Fragen zu beantworten.

Punkteverteilung:	Für jedes a)	8 Punkte
	Für jedes b)	4 Punkte
	Für jedes c)	1 Punkt

100 – 120 Punkte: Essen ist Ihr Lebenselixier. Alles, was Sie tun, hängt irgendwie mit Essen zusammen. Wenn Sie unglücklich sind, verängstigt, unsicher, dann essen Sie. Mit anderen Worten: Sie benutzen das Essen als Verteidigung gegen das Leben. Sie müssen versuchen, auch so das Leben zu meistern, ohne sich hinter dem Essen zu verstecken. Sonst werden Sie unglücklich und – zu dick.

80 – 99 Punkte: Sie halten eine Menge vom Essen und verschwenden unnötiges Geld darauf. Sie essen manches, was Sie gar nicht mögen, und fangen anschließend endlose Abmagerungskuren an. Gleichzeitig erkennen Sie, warum Sie wann so viel und so oft essen. Diese Erkenntnis ist der erste Schritt dazu, gemäßigte Eßgewohnheiten einzuführen: durch Selbstkontrolle. Fangen Sie jetzt damit an – es wird Ihnen nicht leid tun!

30 – 79 Punkte: Sie sind nicht davon besessen, essen zu müssen, aber in manchen Augenblicken greifen Sie zu dem einen oder anderen Happen, um sich etwas Gutes zu tun; meistens ist ein Ärger, eine Depression oder besondere Anspannung der Anlaß. Aber gemessen an Ihrer Punktzahl haben Sie sich dennoch gut unter Kontrolle. Behalten Sie es bei!

0 – 30 Punkte: Essen dominiert Ihr Leben durchaus nicht. Sie haben sich und Ihren Appetit vollkommen in der Gewalt. Machen Sie so weiter, dann brauchen Sie nie eine Abspeckung mitzumachen!

46. Kann man mit Ihnen den Urlaub genießen?

Die Urlaubszeit rückt näher. Und mit ihr nicht nur Freuden, sondern auch Probleme. Mitunter ist man selber so ein Problem. Für den Partner, für die Familie, mit der man den Urlaub verbringt. Testen Sie sich. Stellen Sie fest, wie es um Ihre Qualitäten als »Urlaubsmensch« bestellt ist.

1. Was ist das Schönste am Urlaub?
   a) die Vorfreude
   b) das Nichtstun
   c) alles im Urlaub ist schön
   d) die Ungebundenheit
2. Was vermissen Sie im Urlaub am meisten?
   a) mein heimatliches Fernseh- bzw. Radioprogramm
   b) die gewohnte Bequemlichkeit meiner Wohnung
   c) die gewohnte Ordnung von zu Hause
   d) eigentlich gar nichts
3. Was schätzen Sie an einem Urlaubshotel am meisten?
   a) ruhige und schöne Lage
   b) nette Gäste
   c) die gute Küche
   d) komfortable Zimmer
4. Wann wird Ihnen ein Urlaubstag langweilig?
   a) wenn das Wetter nicht mitspielt
   b) wenn ein geplantes Vorhaben nicht zustande kam
   c) ein Urlaubstag kann mir nicht langweilig werden
   d) wenn irgendeine Besichtigung enttäuschend ist
5. Manche Urlauber lassen sich ihre gewohnte Zeitung nachschicken. Was halten Sie davon?
   a) Das mache ich auch.
   b) Davon halte ich nichts.

c) Man kann sich ja andere Zeitungen kaufen.
d) Ich bin froh, wenn ich nicht weiß, was zu Hause schon wieder alles passiert.

6. Wen würden Sie am liebsten in Ihrem Urlaubsort zufällig treffen?
   a) gute Bekannte
   b) einen Freund von früher, von dem ich lange nichts hörte
   c) am liebsten niemanden
   d) auf alle Fälle jemanden, mit dem ich mich gut unterhalten kann
7. Was könnte Sie am ehesten davon abbringen, ein Buch, das Sie gerade lesen, in den Urlaub mitzunehmen?
   a) der unförmige Umfang des Buches
   b) gar nichts
   c) wenn es sich um eine anstrengende Lektüre handelt
   d) wenn es ein alltäglicher Unterhaltungsroman ist
8. Aus welchem Grund würden Sie auf einen schon geplanten Urlaub am ehesten verzichten?
   a) wenn mein Partner nicht mitfahren könnte
   b) finanzielle Schwierigkeiten
   c) Krankheit
   d) ich weiß nicht recht
9. In einem Prospekt lasen Sie von einer Sehenswürdigkeit. Ihr Partner war skeptisch. Aber Sie setzten sich durch: Es wurde eine herbe Enttäuschung. Wie reagieren Sie?
   a) Ich sage, mir hat es gefallen. Ich kann doch nicht zugeben, daß es eine Pleite war!
   b) Was soll ich machen? Der Prospekt war eben verlogen!
   c) Ich lache einfach über den Hereinfaller. Soll mein Partner seinen Triumph genießen!
   d) Ich räche mich an den Herausgebern des Prospektes und erzähle jedem, was das für ein Schwindel ist!

10. Sie haben sich eine praktische und gefällige Urlaubsgarderobe zurechtgelegt. Den Koffer, in dem alles verstaut ist, haben Sie dann zu Hause vergessen. Was nun?
   a) Kein Problem. Ich lasse mir die Sachen nachschicken.
   b) Ich kaufe mir einfach auf irgendeinem Markt das Nötigste, die schöne Urlaubsgarderobe werde ich das nächstemal ausführen!
   c) Ich fahre doch nicht wegen der Garderobe auf Urlaub! Irgendwie komme ich sicher zurecht!
   d) Die Frage ist aber sehr gewollt! Man vergißt doch nicht einen ganzen Koffer zu Hause!

11. Warum freuen Sie sich auf die Heimkehr aus dem Urlaub?
   a) Weil es zu Hause auch sehr schön ist.
   b) Weil man doch nicht immer Urlaub machen kann!
   c) Ich freue mich ja gar nicht!
   d) Weil auch Urlaub recht anstrengend sein kann.

12. Ein Mann fährt mit seiner Familie in Urlaub. Unterwegs gesteht seine Frau, daß sie sämtliche Badekleidung vergessen hat, der Sohn beichtet, daß er die neue Taucherausrüstung irgendwo auf einem Rastplatz liegen ließ, und die Tochter stellt fest, daß Vatis neue Kamera nicht mehr da ist. Was raten Sie dem Mann?
   a) Umkehren, vielleicht läßt sich von dem Verlorenen noch etwas wiederfinden.
   b) Er soll sich vor allem nicht aufregen, jetzt hilft ja doch nichts mehr.
   c) Er soll einmal darüber nachdenken, warum seine Familie gar so zerstreut ist.
   d) Diesem armen Kerl kann man bei bestem Willen keinen hilfreichen Rat geben.

Punkteverteilung:

1. a – 1 , b – 3 , c – 0 , d – 4
2. a – 5 , b – 2 , c – 4 , d – 0
3. a – 0 , b – 1 , c – 4 , d – 2
4. a – 5 , b – 3 , c – 0 , d – 1
5. a – 3 , b – 1 , c – 2 , d – 0
6. a – 4 , b – 2 , c – 1 , d – 0
7. a – 0 , b – 1 , c – 3 , d – 2
8. a – 0 , b – 3 , c – 1 , d – 2
9. a – 5 , b – 1 , c – 0 , d – 2
10. a – 4 , b – 0 , c – 1 , d – 5
11. a – 0 , b – 4 , c – 1 , d – 5
12. a – 4 , b – 0 , c – 2 , d – 1

Testergebnis:

bis 22 Punkte: Mit Ihnen Urlaub zu machen, ist ein ungetrübtes Vergnügen. Selbst wenn einmal alles schiefgehen sollte, Sie verstehen es, allem immer noch eine erfreuliche Seite abzugewinnen. Sie nehmen die Dinge eben wie sie kommen und lassen sich durch nichts die gute Urlaubsstimmung verderben. Es gelingt Ihnen auch meistens, Ihren Partner und die ganze Familie mit Ihrer urlaubsfröhlichen Unternehmungslust anzustecken.

23 bis 34 Punkte: Mit Ihnen kann man den Urlaub herrlich genießen, denn Sie lassen die Stimmung nicht so leicht auf den Nullpunkt sinken. Selbst wenn es einmal nicht nach Ihrem Kopf geht – worauf Sie an und für sich meistens bedacht sind. Aber hat einmal der Partner oder die Familie beschlossen, etwa eine Bootsfahrt zu unternehmen – Sie hätten sich aber lieber in den Sand vergraben –, beugen Sie sich ohne nennenswertes Murren und sind dann im Nu der Fröhlichste der Partie. Man weiß das zu schätzen und kommt Ihnen darum umso lieber Ihren eigenen Wünschen weitgehendst entgegen.

35 bis 42 Punkte: Vielleicht sollten Sie sich nicht immer vorher alles so schön und rosarot ausmalen. Da gibt es dann natürlich mitunter Enttäuschungen, und die sind ganz dazu angetan, Ihnen trübe Urlaubsstunden zu bescheren. Sie bemühen sich zwar, dem Partner und den Familienmitgliedern gegenüber kein Spaßverderber zu sein, unbewußt stellen Sie sich aber abseits, und das genügt mitunter schon, die allgemeine Fröhlichkeit herabzusetzen. Vielleicht denken Sie darüber einmal nach! Aus Fehlern kann man ja bekanntlich lernen.

43 bis 50 Punkte: Mit Ihnen kann man den Urlaub wunderbar genießen, wenn man als Partner oder eines Ihrer Familienmitglieder immer sorgsam darauf bedacht ist, daß alles so läuft, wie Sie es sich vorstellen und ausgedacht haben. Widerspruch oder »Gegenpläne« verkraften Sie nur sehr ungern, und geben Sie ja einmal nach, dann sicher nur mit saurer Miene. Was dann zur allgemeinen guten Urlaubsstimunng freilich nicht beiträgt. Üben Sie hin und wieder ein bißchen Unterordnung! Sie werden merken, daß auch dann ein Urlaub wunderbar sein kann.

47. Welcher Reise-Typ sind Sie?

Wenn Sie ganz intensiv ans Reisen denken, welche beiden Fotos drängen sich dabei am ehesten in Ihre Vorstellung? Schneiden Sie diese beiden Fotos aus, und zählen Sie die Punkte der übrigen zusammen.

Bild A – 1 Punkt

Bild B – 2 Punkte

Bild C – 3 Punkte

Bild D – 1 Punkt

Bild E – 4 Punkte

Bild A

Bild B

Bild C

Bild D

Bild E

Testergebnis:

4 Punkte: Es scheint Ihnen gleichgültig zu sein, womit Sie reisen und auch, wie lange es dauert, Hauptsache: Sie reisen bequem. Sie haben gar nicht so unrecht, jede Reise endet ja irgendwo an einem Ziel, und für dieses muß man ausgeruht und frisch sein. Was Ihnen dank Ihrer sorgfältigen Reiseplanung auch immer gelingt.

5 Punkte: Reisen ist ein Vergnügen, wenn man es so wie Sie zu genießen versteht. Selbst wenn andere schon längst über Strapazen klagen, verstehen Sie es noch immer, sich irgendwie einen Genuß zu bereiten. Zumindest gibt es etwas Interessantes zu sehen, oder man hat jemanden gefunden, mit dem man sich blendend unterhalten kann.

6 Punkte: Wenn einer eine Reise tut, dann kann er bekanntlich viel erzählen. Aber um eben erzählen zu können, muß man auch etwas erleben, und es ist für Sie das Wichtigste, auf Reisen Abenteuer zu »sammeln«. Dafür nehmen Sie sogar gerne Strapazen in Kauf und wagen sich unter Umständen an Ziele vor, die andere nur vom Hörensagen kennen.

7 Punkte: Es liegt in der Natur des Reisens, daß es auch gewisse Strapazen mit sich bringt. Und die sind Ihnen unangenehm. Also möchten Sie am liebsten die Reisezeit gewissermaßen in einem Tiefschlaf verbringen, dann würde Ihnen auch nicht mehr die Zeit leid tun, die man auf Reisen notgedrungen ›vergeudet‹.

8 Punkte: Sie scheinen es immer sehr eilig zu haben. Nur rasch ans Ziel gelangen, gleichgültig wie. Denn die auf der Strecke gebliebene Zeit kann man ja anderweitig ausnützen. Sei es am Badestrand, sei es bei geschäftlichen Besprechungen. Das alles will freilich nicht heißen, daß Sie nicht gerne reisen, denn jede Reise hat ja ein Ziel, auf das Sie sich freuen.

9 Punkte: Sie meinen, Reisen sei das notwendige Übel, das man in Kauf nehmen muß, um an ein bestimmtes Ziel zu gelangen. Dabei ist es Ihnen ziemlich gleichgültig, welches Beförderungsmittel sich Ihnen anbietet, denn Reisen ist für Sie mehr oder weniger fad.

Mitunter aber wachen Sie aus Ihrer Reiselethargie auf: wenn eine angenehme Reisebegleitung auftaucht!

48. Was für ein »Zeit-Typ« sind Sie?

Ein Team von drei Psychologen, das an der Princeton University in den USA arbeitet, glaubt, ein neues Instrumentarium gefunden zu haben, mit dem wir uns selbst – und einander – besser verstehen können. Ausgehend von einer früheren Entdeckung des großen Schweizer Psychologen C.G. Jung gründet sich ihr Konzept recht einfach auf die unterschiedliche Art und Weise, wie wir die Zeit sehen. Jedem von uns ist es von Kindheit an vorherbestimmt, alle Ereignisse von einem der vier grundsätzlichen Ausgangspunkte zu sehen.

Entweder sehen wir die Zeit von der Vergangenheit her (der Vergangenheitstyp), oder wir passen sie dem Ablauf von heute, gestern und morgen an (der Übereinstimmungstyp). Oder wir sehen sie nur unter ihrem augenblicklichen Wert (der Gegenwartstyp). Und schließlich unter dem Aspekt, wie sie sich später entwickeln wird (der Zukunftstyp). In jedem Fall ist die Zeit – oder besser: unsere Einstellung der Zeit gegenüber – der Prüfstein des Systems.

Also, was für ein »Zeit-Typ« sind Sie?

Typ 1: Der Vergangenheitstyp

Bei Ihnen taucht die Vergangenheit immer wieder in der Gegenwart auf: Dann kehrt alles als eine Erinnerung an die Vergangenheit wieder. Sie haben hohe moralische Maßstäbe, werden von anderen Menschen meist für das geschätzt, was Sie **sind** und wofür Sie eintreten, und weniger für das, was sie **tun**. Sie haben Freude an Nostalgie, erzählen gern wahre Geschichten aus früheren Zeiten, sammeln mit großem Vergnügen Erinnerungsstücke und führen oft erfolgreich Tagebuch. Ihnen gefallen feste Grundsätze, und Sie fühlen ein tiefes Bedürfnis nach Recht und Stabilität, dabei sind Sie in Krisenzeiten meist bedeutend ruhiger als andere Leute.

Typ 2: Der Übereinstimmungstyp

Sie sind sich stets der entfliehenden Zeit bewußt, einer Lebenszeit, auf der wir wie auf einem ausgerollten Teppich dahinwandern. Für Sie ist die Vergangenheit vorüber, sie ist Geschichte. Und die gegenwärtigen Ereignisse müssen in ein größeres Bild passen, das das Gestern und Morgen ebenso einschließt wie das Heute. Folglich wirft man Ihnen öfter vor, daß Sie für neue Ideen kein richtiges Engagement aufbringen. Manche halten Sie sogar für kalt und zurückhaltend. Tatsächlich trifft keine dieser Eigenschaften auf Sie zu, aber Sie machen nun einmal diesen Eindruck. Sie wollen gern das *Gesamtbild* der Dinge sehen. Sie neigen dazu, viele Fragen zu stellen (meist bis zur Erschöpfung der anderen), aber Sie sind gründlich, vorsichtig, tüchtig – und ein Trost für die Menschen Ihrer Umgebung.

Typ 3: Der Gegenwartstyp

Von den vier Typen lassen Sie sich am leichtesten einordnen. Sie verstehen die Gegenwart und sind völlig mit ihr beschäftigt. Für Sie ist das Leben, was **jetzt** passiert. Sie kümmern sich nicht nur wenig um die Vergangenheit, Sie interessieren sich auch kaum für die Zukunft, zu der Sie kein Vertrauen haben. An sofortigen Reaktionen haben Sie Freude, Sie treffen schnelle Entscheidungen und antworten auf Stichworte, die sehr oft nur Sie verstehen. Sie hassen Verzögerungen und Wartezeiten. Sie wissen sofort, was in jeder gegebenen Situation zu tun ist, und brauchen sich nie zwischen verschiedenen Handlungsmöglichkeiten zu entscheiden.

Typ 4: Der Zukunftstyp

Ihr Glauben beruht nicht nur fast völlig auf der Zukunft, Sie vermögen auch zu erkennen, was in den kommenden Wochen und

Monaten möglich ist. Sie machen gern Pläne und träumen, doch werden Sie bei Einzelheiten ungeduldig und finden völlige Perfektion ermüdend. Am besten arbeiten Sie nach einem vorher festgelegten Plan: Ohne einen solchen sind Sie meist ein wenig verloren.

Soviel zu den vier Typen. Sie sollten jetzt eine klare Vorstellung davon haben, zu welchen Sie gehören.

Aber die Theorie der Wissenschaftler Dr. Mann, Dr. Osmond und Dr. Siegler, die diese Kategorien definiert haben, geht über das bloße Sortieren der Menschen in verschiedene Gruppen hinaus. Sie glauben, daß wir nicht nur unser eigenes Gruppenverhalten erkennen und verstehen sollten: Wir müssen auch andere zu verstehen versuchen, damit wir für unsere Mitmenschen mehr Verständnis aufbringen und besser mit ihnen auskommen. Darum haben sie auch die Bedeutung jedes Typs umrissen. Sie sind der Ansicht, daß sich ihre Entdeckungen durch sorgfältiges Studium auszahlen werden. Hier sind ihre Schlußfolgerungen:

Typ 1: Gefühlsbetonte Menschen, die die Welt höchst subjektiv sehen. Gewöhnlich haben sie eine starke autoritäre Kraft, so daß sich andere Menschen ihrer überlegenen Urteilsfähigkeit unterwerfen. Sie sind sehr gewandt, bei jedem Ereignis vom Gefühl her genau das Richtige beizusteuern, und somit in der Lage, die Gefühle anderer zu beeinflussen. »Sie wollen die Dinge so sehen, wie sie in ihrer Jugend populär, modern und richtig waren«, sagt Dr. Mann. Der schlimmste Fehler dieses Typs ist, daß er übertrieben konservativ sein kann. Auch neigt er dazu, unpünktlich zu sein, da seine Gesamtschau Vorrang vor der nächstliegenden Aufgabe hat.

Typ 2: Hier sind die persönlichen Meinungen weniger stark ausgeprägt. Für diese Menschen muß jedes gegebene Ereignis in das größere Bild der augenblicklichen Zeit eingepaßt werden, selbst wenn es mit einigem Zwang an die Stelle gerückt und gezerrt werden muß. Manche haben eine ernsthafte wissenschaftliche Denkungsweise oder wenigstens die geistigen Vorstellungen des

Wissenschaftlers, indem sie vorher die Gesamtsituation untersuchen. Sie halten es für ideal, alle Seiten einer Situation einzuschätzen, ehe sie handeln; vorher wollen sie auf logischem Wege zu allen notwendigen Schlüssen kommen. Sie sind immer am glücklichsten, wenn sie ihre Sicht von weit zurück *und* weit voraus in die Zeit übertragen können.

Typ 3: Diese Menschen sind vorzüglich ausgestattet, um mit unvorhergesehenen Ereignissen jeder Art fertigzuwerden. Keine vorgefaßten Pläne oder Verpflichtungen dürfen ihnen in den Weg kommen. Sie antworten, ohne zu zögern oder zu zweifeln, womit sie es gerade zu tun haben, ob es sich nun um eine Situation, eine Person oder eine Sache handelt. Diese Menschen sind ideale Führungspersönlichkeiten. Sie neigen dazu, andere dahin zu manövrieren, den vorgeschlagenen Weg zu gehen, besonders dann, wenn sonst Verzögerungen drohen. Eine Handlungsweise, die zu einer beträchtlichen Unpopularität, sogar zum Bruch von Beziehungen führen kann.

Typ 4: »Für Menschen dieses Typs,« erklärt Dr. Mann, »ist die Gegenwart ein bleicher Schatten, die Vergangenheit liegt im Nebel. Wärme und Sonnenschein, helles Licht und Aufregung werden hinter der nächsten Kurve der Straße, auf der anderen Seite des Berges gefunden. Aber wenn man um die Kurve kommt, ist der Weg nur zeitweilig gerade; es gibt immer wieder eine nächste Kurve.« Das Leben für Leute dieses Typs ist eine endlose Kette von Ansturm auf die nächste Kurve. Sie wirken oft sehr anregend auf andere Menschen mit ihrer Planungs- und Sehergabe. Nur die unmittelbaren praktischen Details langweilen sie: Ihre Aktivität muß immer mit einem Weg verknüpft sein, der in weite Fernen führt.

Wenn die Psychologen recht haben, wird uns das Studium dieses Gebiets sehr helfen, mit den Menschen auszukommen, die einem anderen Typ angehören als wir selbst. Wir können zu größerer Einsicht und zu einem reibungsloseren Zusammenleben mit allen Persönlichkeitstypen gelangen.

49. Auch Sie suchen Glück – haben Sie die Fähigkeit, wirklich glücklich zu sein?

Glück oder Unglück hängen bis zu einem gewissen Grad von einer inneren Kraft und Fähigkeit ab, aber Ihre Fähigkeit zum Glücklichsein ist zum großen Teil ein Produkt Ihrer Persönlichkeit und Ihrer Eigenschaften.

Machen Sie diesen Test mit, Sie könnten Überraschendes über Ihre Fähigkeit zum Glück erfahren.

1. Wie oft lachen Sie am Tag? (Lächeln reicht zur Not auch)
   a) höchstens einmal
   b) fünfmal
   c) zehnmal
2. Leute, die Sie zum erstenmal sehen, denken:
   a) daß Sie ein depressiver Typ sind
   b) den Menschen würde ich gerne kennenlernen
   c) daß irgend etwas hinter dem heiteren Geplauder verborgen ist, es aber schwierig sein wird, es herauszufinden
3. Wie ist Ihre Einstellung Ihrem Beruf gegenüber?
   a) ziemlich gleichgültig: warum viel Energie in eine Sache stecken, die weder Freude noch Reichtum beschert?
   b) begeistert: Sie lieben sogar den langweiligen Kleinkram.
   c) gespalten: Sie würden gern Energie und Interesse aufbringen, fürchten aber zu versagen, wenn Sie mehr Verantwortung tragen.
4. Ihr dauerhaftester Traum ist:
   a) verheiratet zu sein, zwei bis vier Kinder zu haben und in einem Haus auf dem Land zu leben
   b) ein Alptraum: Sie verlieren Ihre Arbeit, Ihre Eltern sterben, Ihr(e) Freund(in) verläßt Sie und Ihre Bekannten ziehen sich zurück.
   c) unabhängig zu sein, geliebt zu werden, zufrieden und finanziell abgesichert zu sein

5. Wie stark werden Sie vom Wetter beeinflußt?
   a) Sehr stark: wenn die Sonne scheint, strahlen Sie, und wenn es regnet, fühlen Sie sich grau.
   b) Nur beiläufig: Ihre jeweilige Stimmung ist ziemlich unabhängig von den Wetterbedingungen.
   c) Mittelmäßig: wenn Sie empfindlich sind, kann das Wetter einen guten oder schlechten Einfluß haben.
6. Es ist Frühling, und Sie sind allein. In einem Bus sehen Sie ein Liebespaar, das sich küßt.
   a) Sie sind ein bißchen neidisch, aber dann besinnen Sie sich auf alle guten Seiten Ihres Lebens.
   b) Sie denken: ›Ist das nicht schön? Wenigstens zwei Leute sind glücklich.‹
   c) Sie fühlen sich todunglücklich: Warum die und Sie nicht?
7. Sie haben einen fortschrittlichen Arbeitgeber: Männer und Frauen werden gleich behandelt. Ihr Chef bietet Ihnen ein Fortbildungsprogramm mit der Aussicht auf eine bessere Stellung an.
   a) Sie haben zuviel Angst vor seinem Vorschlag.
   b) Sie stürzen sich auf diese Gelegenheit.
   c) Sie nehmen an, unter der Bedingung, daß Sie, wenn Sie sich überfordert fühlen, wieder aussteigen können.
8. Sie erleben eine Pechsträhne.
   a) Sie sind völlig niedergeschlagen, und es wird Wochen und Monate dauern, bis Sie wieder auf den Beinen sind.
   b) Sie fühlen sich niedergeschlagen, sind jedoch überzeugt, daß es wieder anders wird, weil es immer wieder besser wird.
   c) Sie sind schrecklich deprimiert, suchen aber nach Möglichkeiten, wie es Ihnen wieder besser gehen könnte.
9. In ein paar Wochen ist Ihr Geburtstag, und Sie haben noch nichts geplant.
   a) Sie geben für sich selbst eine Party.

b) Sie tun nichts und warten, ob einer Ihrer Freunde oder Verwandten eine glänzende Idee hat.

c) Sie kaufen sich eine Kleinigkeit und vergessen Ihren Geburtstag, bis der Tag gekommen ist.

10. Sie haben Krach mit Ihrem(r) Freund(in). Später sagt er/sie Ihnen, daß Sie recht hatten.

a) Sie sind zufrieden, weil er/sie zu Ihnen »gekrochen« kommen mußte.

b) Sie lassen es gut sein, sowas kommt vor und immerhin hat er/sie seinen/ihren Irrtum eingestanden; eines Tages kann Ihnen dasselbe passieren.

11. Sie sind zum ersten Mal seit Jahren allein zu Hause.

a) Sie rufen sofort eine Freundin/einen Freund an und bitten sie/ihn vorbeizukommen, Sie können es nicht ertragen, allein zu sein.

b) Sie strecken sich vor dem Fernseher aus und gehen früh zu Bett.

c) Sie stoßen einen Seufzer der Erleichterung aus und machen sich einen unheimlich gemütlichen Abend.

12. Wie oft sagen Sie: »Das endet nur mit Tränen?«

a) häufig

b) nur gelegentlich

c) nie

13. Ein(e) Freund(in) ruft Sie ganz spontan an, weil er/sie von einer Party für diesen Abend gehört hat: Warum nicht mal hingehen? Sie haben schmutzige Haare und Ihr(e) Lieblingskleid/-hose ist in der Reinigung.

a) Sie sagen: »Ein anderes Mal«.

b) Sie gehen wie Sie sind, wenigstens werden Sie umsonst essen und trinken.

c) Sie lassen Haare Haare sein und ziehen etwas anderes, sehr Ausgefallenes, an.

14. Wie ist Ihr Verhältnis zum Geld?

a) Sie sind geizig.

b) Locker – Sie sind immer drauf und dran, Schulden zu machen.
c) Sie sind vorsichtig genug, damit immer noch etwas für Ihre Extravaganzen bleibt.

15. Was tun Sie, wenn Ihnen etwas Gutes widerfährt?
a) Sie teilen es mit jemand anderem.
b) Sie denken »Jetzt muß ja was Schlimmes nachkommen«.
c) Sie freuen sich eine Stunde daran, um dann wieder in Ihre trübe Stimmung zu verfallen.

16. Eine Wahrsagerin sagt Ihnen, daß Sie ein langes und glückliches Leben haben werden.
a) Sie lachen: Sie sind nicht naiv genug, ihr zu glauben, aber die Weissagung richtet Sie ein bißchen auf.
b) Sie glauben ihr blind: Auch wenn Wahrsager nicht die Fähigkeiten haben, die sie vorgeben, werden Sie schon dafür sorgen, daß sich die Vorhersage erfüllt.
c) Sie glauben ihr kein Wort und sagen ihr, sie sei eine Betrügerin.

Punkteverteilung:

1. a – 0, b – 4, c – 6
2. a – 0, b – 6, c – 2
3. a – 0, b – 6, c – 2
4. a – 2, b – 0, c – 6
5. a – 0, b – 6, c – 4
6. a – 4, b – 6, c – 0
7. a – 0, b – 6, c – 2
8. a – 0, b – 6, c – 4
9. a – 6, b – 0, c – 4
10. a – 2, b – 6
11. a – 2, b – 0, c – 6
12. a – 0, b – 4, c – 6
13. a – 0, b – 4, c – 6
14. a – 0, b – 4, c – 6
15. a – 6, b – 0, c – 2
16. a – 4, b – 6, c – 0

Testergebnis:

88 – 96 Punkte: Ihre Fähigkeit zum Glück ist grenzenlos. Von Natur aus optimistisch und lebensfroh, gehen Sie offen auf die Dinge zu, das Leben interessiert Sie um so mehr, je glücklicher Sie sind. Wenn Sie auch ungefähre Vorstellungen von dem, was Sie glücklich machen würde, haben, sind Sie im Detail nicht pingelig und rümpfen nicht die Nase, wenn die Dinge mal nicht so perfekt sind. Wenn Sie ein Unglück ereilt, kämpfen Sie in dem Bewußtsein, daß die guten Dinge am Ende die Oberhand behalten, dagegen an.

70 – 86 Punkte: Ihre Fähigkeit zum Glück ist groß, könnte aber noch größer sein, wenn Sie es zuließen. Was Sie brauchen, ist eine etwas höhere Erwartung und eine lockere Haltung den Dingen gegenüber. Sie wissen,was Sie glücklich machen würde und suchen es ständig; und vor lauter Suchen übersehen Sie die kleinen Dinge, die Ihnen Freude machen könnten. Entspannen Sie sich, lassen Sie das Glück auf sich zukommen und greifen Sie zu, wenn es da ist.

44 – 68 Punkte: Sie sind zur Zeit halbwegs glücklich, und das ist vielleicht das Äußerste, was Sie erreichen können. Das kommt daher, daß Sie nicht genug vom Leben erwarten: Wenn Sie bekommen, was Sie wollen, ist es gut, und wenn nicht, denken Sie vielleicht, daß Sie es so verdient haben. Diese schicksalsergebene Haltung den Dingen gegenüber führt dazu, daß das Glück Sie meidet. Überlegen Sie mal, ob das, was Sie haben, wirklich alles ist, was Sie wollen.

20 – 42 Punkte: Sie haben nur wenig Fähigkeit zum Glücklichsein, weil Sie sich zu allem und jedem trübe Gedanken machen. Entweder wollen Sie sich gar nicht erst für eine Sache anstrengen oder Sie reden sich ein, daß alles schlecht ausgeht – und so haben Sie so gut wie keine Motivation, Ihre Lebenssituation zu verbessern. Strengen Sie sich einmal an, sei es im Privatleben oder beruflich, und versuchen Sie, diesen Pessimismus loszuwerden, sonst werden Sie nie im Leben glücklich.

0 – 20 Punkte: Sie haben so gut wie keine Anlagen zum Glück. Sie sind ziemlich mürrisch, furchtsam und schrecklich pessimistisch. Sie sind in Ihrer geringen Meinung über sich selbst verfangen. Sie glauben, daß Sie nicht das kleinste bißchen Glück verdienen. Jeder kann auf seine Art glücklich sein, wenn er es nur versucht. Seien Sie nicht gleich enttäuscht, wenn das Glück nicht über Nacht kommt, man muß immer ein bißchen Dusel dabei haben. Aber wenn Sie sich einen guten Platz aussuchen, sind Sie bereit, wenn das Glück sich einstellt.

50. Würden Sie nocheinmal, so leben wollen – oder würden Sie vieles anders machen?

»Wenn ich nocheinmal von vorne anfangen könnte. . .«. Wer von uns hat es nicht schon mal gewünscht? Aber was würden wir tun, wenn uns dieser Wunsch tatsächlich in Erfüllung ginge? Versuchen Sie, ehrliche Antworten auf folgende Fragen zu geben – und vergleichen Sie, was Sie anders gemacht hätten:

1. Wenn Sie wieder in die Schule gehen könnten, würden Sie
   a) alles viel ernster nehmen?
   b) versuchen, im Unterricht besser aufzupassen?
   c) mehr Spaß haben?
2. Würden Sie sich wieder für Ihren Beruf entscheiden?
   a) wahrscheinlich
   b) nicht in tausend Jahren
   c) bin mir nicht sicher
3. Gibt es irgendwelche Hobbys, Interessengebiete, die Sie nie verfolgten, aber aufnähmen, wenn Sie noch einmal jung wären?
   a) eigentlich nicht
   b) ja, eine Menge
   c) einige

4. Hinsichtlich Ihrer allerersten Freundschaften, die Sie schlossen, wünschen Sie sich,
   a) Sie hätten sie bis heute weitergeführt?
   b) Sie hätten mehr Freundschaften geschlossen?
   c) Keine Änderungen.
5. Hinsichtlich Ihrer ersten Liebeleien, die Sie hatten, wünschten Sie heute,
   a) noch mehr gehabt zu haben?
   b) sich genauso zu verhalten wie damals?
   c) besser auf sie eingegangen zu sein und gegenseitige Interessen geweckt zu haben?
6. Bei einem neuen Anfang – wie würden Sie zu Geld stehen?
   a) sich ernster damit befassen, mehr zu verdienen
   b) es nur als Mittel zum (Lebens)Zweck sehen
   c) versuchen, etwas mehr für Ihren Einsatz zu bekommen
7. Würden Sie
   a) Ihren Partner nochmal heiraten?
   b) hoffen, jemanden zu finden, der besser zu Ihnen paßt?
   c) vermutlich unverheiratet bleiben?
8. Würden Sie den Menschen allgemein gegenüber
   a) toleranter sein?
   b) freundlicher sein?
   c) nicht so vertrauensselig sein?
9. Bei den großen Entscheidungen Ihres Lebens würden Sie
   a) die Dinge besser bedenken?
   b) sich den Umständen besser anpassen?
   c) das Leben so nehmen, wie es sich ergibt?
10. Wenn das Leben noch einmal anfinge, würden Sie
   a) alles intensiver genießen, was Ihnen das alltägliche Leben bietet?
   b) sich viel mehr Freuden verschaffen?
   c) wahrscheinlich genauso leben wie gehabt?

Punkteverteilung:

1. a – 7, b – 9, c – 6	6. a – 6, b – 10, c – 8
2. a – 7, b – 9, c – 3	7. a – 8, b – 9, c – 2
3. a – 0, b – 10, c – 8	8. a – 8, b – 10, c – 4
4. a – 9, b – 7, c – 5	9. a – 7, b – 9, c – 6
5. a – 7, b – 5, c – 8	10. a – 10, b – 7, c – 6

Testauswertung:

Über 90 Punkte: Höchstmögliche Punktzahl; geradezu überperfekt (100 – 93)!
Das ist alles ein bißchen zu gut, um wahr zu sein. Versuchen Sie es noch einmal – etwas ehrlicher!

Zwischen 70 – 90 Punkten: Sie stehen im Leben! Sie haben viel daraus gelernt, sind nicht zu zynisch und nicht zu blauäugig, was bedeutet, Sie erhalten das Beste von diesem einzigen Leben, das man nun mal lebt.

Zwischen 45 und 70 Punkten: Glauben Sie wirklich, daß eine zweite Chance Ihr Leben viel verändern würde? Wir machen doch alle unsere Erfahrungen, haben unsere kleinen Triumphe und bedauern unsere großen Fehler. Denken Sie nochmals darüber nach. . .

Unter 45 Punkte: Lachen Sie mal wieder und beantworten Sie den Test bei besserer Laune!

Lebenskunst im Taschenbuch: mvg-Paperbacks

Biorhythmik
Die biologische Erfolgsuhr
Appel, Walter A.
6. überarb. Aufl., 159 Seiten, Paperb.
ISBN 3-478-02535-8

Fitness für den Geist
Arnold, Günter
2. Auflage, 160 Seiten, Paperback
ISBN 3-478-02020-4

Homöopathie im Alltag
Wie wir unser gesundes Gleichgewicht finden
Aubin, Michel und Picard, Philippe
224 Seiten, Paperback
ISBN 3-478-02150-2

Ihr Wunschgewicht ist erreichbar
Der psychologische Trick zur Verhaltensänderung
Berg, Karin
112 Seiten, Paperback
ISBN 3-478-02070-0

Wie ich mich und andere aktiviere
Bierach, Alfred
2. Auflage, 160 Seiten, Paperback
ISBN 3-478-02382-3

Die Kunst, als Frau allein zu leben
Biesterfeld, Edda
230 Seiten, Paperback
ISBN 3-478-02790-X

Psycho-Fahrplan
Die wichtigsten Methoden zur Überwindung psychologischer Probleme
Binder, Virginia und Arnold/Rimland, Bernard
2. Auflage, 288 Seiten, Paperback
ISBN 3-478-02582-6

Freude durch Streß
Birkenbihl, Vera F.
5. Auflage, 160 Seiten, Paperback
ISBN 3-478-02544-3

Kommunikationstraining
Zwischenmenschliche Beziehungen erfolgreich gestalten
Birkenbihl, Vera F.
7. Auflage, 315 Seiten, Paperback
ISBN 3-478-03040-4

Psycho-logisch richtig verhandeln
Professionelle Verhandlungstechniken mit Experimenten und Übungen
Birkenbihl, Vera F.
4. Auflage, 217 Seiten, Paperback
ISBN 3-478-03050-1

Selbstwert- und Erfolgstraining
Birkenbihl, Vera F.
ca. 190 Seiten, Paperback
ISBN 3-478-03150-8

Signale des Körpers
Körpersprache verstehen
Birkenbihl, Vera F.
2. Auflage, 264 Seiten, Paperback
ISBN 3-478-02282-7

Zahlen bestimmen Dein Leben
Numerologie – die neue Wissenschaft zur Selbsterkenntnis
Birkenbihl, Vera F.
2. Auflage, 144 Seiten, Paperback
ISBN 3-478-02712-8

Erfolg liegt auf der Hand
Chirologie und Beruf
Butler, René
179 Seiten, Paperback
ISBN 3-478-02900-7

Wir verstehen uns
Harmonie in der Familie
Carnes, Patrick J.
162 Seiten, Paperback
ISBN 3-478-03090-0

Konflikte und Aggressionen bewältigen
Ceh, Johann
196 Seiten, Paperback
ISBN 3-478-02290-8

Mehr sein – alles erreichen
Ein Aktionsprogramm für den persönlichen Erfolg
Cerney, J. V.
160 Seiten, Paperback
ISBN 3-478-02340-8

Einfluß
Wie und warum sich Menschen überzeugen lassen
Cialdini, Robert B.
300 Seiten, Paperback
ISBN 3-478-03080-3

So schafft man mehr in weniger Zeit
Cooper, Joseph D.
3. Auflage, 315 Seiten, Paperback
ISBN 3-478-02573-7

Menschen durchschauen und richtig behandeln
Psychologie für Beruf und Familie
Correll, Werner
8. Auflage, 288 Seiten, Paperback
ISBN 3-478-02527-3

Verstehen und lernen
Grundlagen der Verhaltenspsychologie
Correll, Werner
320 Seiten, Paperback
ISBN 3-478-03070-6

Positives Denken gezielt einsetzen und sein Leben verändern
Das Positiv-System
Czierwitzki, Manfred
ca. 120 Seiten, Paperback
ISBN 3-478-3120-6

Überzeugen – nicht verführen
Die Kunst, Menschen zu beeinflussen
Dichter, Ernest
2. Auflage, 284 Seiten, Paperback
ISBN 3-478-02742-X

Führen Sie in Ihrem Leben selbst Regie
Manipulationsversuche erkennen und sofort kontern
4. Auflage, 288 Seiten, Paperback
ISBN 3-478-02664-4

Intuition
Das Geheimnis, in jeder Situation das Richtige zu tun
Fisher, Milton
200 Seiten, Paperback
ISBN 3-478-02480-3

Fitnesstraining für Vielbeschäftigte
Franck, Heinz-Gerhard
156 Seiten, Paperback
ISBN 3-478-02820-5

Wie man Macht und Einfluß über andere gewinnt
Gabriel, H. W.
2. Auflage, 243 Seiten, Paperback
ISBN 3-478-02852-3

Schaffe Dir ein persönliches Image
Gayer, Kurt
176 Seiten, Paperback
ISBN 3-478-02220-7

347 lustige Gesellschaftsspiele
Gööck, Roland
3. Auflage, 192 Seiten, Paperback
ISBN 3-478-02933-3

Das Buch vom Überleben
Richtiges Verhalten im Notfall
Greenbank, Anthony
252 Seiten, Paperback
ISBN 3-478-02310-6

Innere Heilkraft wecken und mobilisieren
Hasler, Ulrich Erwin
220 Seiten, Paperback
ISBN 3-478-02750-0

Dein Weg zur Selbstverwirklichung
„Life-Styling" – Das Konzept zur neuen Lebensgestaltung
Hirth, Regina/Sattelberger, Thomas/Stiefel, Rolf Th.
2. Auflage, 270 Seiten, Paperback
ISBN 3-478-02360-2

Kleine Psychologie für Eltern
Innerhofer, Paul
175 Seiten, Paperback
ISBN 3-478-02940-6

Die Kunst der Problemlösung
Jackson, K. F.
2. Auflage, 272 Seiten, Paperback
ISBN 3-478-02562-1

Neue Wege zur Gesundung von Mensch und Umwelt
Jacobson, Nils-Olof
195 Seiten, Paperback
ISBN 3-478-02810-8

Bioenergetisch leben
Wie wir uns über unseren Körper wahrnehmen und gestalten können
Keleman, Stanley
119 Seiten, Paperback
ISBN 3-478-02460-9

Dein Körper formt Dein Selbst
Selbsterfahrung durch Bioenergetik
Keleman, Stanley
2. Auflage, 176 Seiten, Paperback
ISBN 3-478-02862-0

Wie bewerbe ich mich richtig?
Knebel, Heinz
9. Auflage, 173 Seiten, Paperback
ISBN 3-478-02063-8

Selbsterkenntnis
Nutzen und Glück der Selbstanalyse
Kümpel, Wilhelm
3. Auflage, 156 Seiten, Paperback
ISBN 3-478-02682-2

Menschenkenntnis auf den ersten Blick
Eine praktische Anleitung zur Charakterdeutung
Kurth, Hanns
5. Auflage, 219 Seiten, Paperback
ISBN 3-478-02705-5

So verbessern Sie Ihre Menschenkenntnis
Ein Test- und Trainingsprogramm
Lometsch, Arndt; Strametz, Dieter
2. Auflage, 282 Seiten, Paperback
ISBN 3-478-02350-5

Arbeitssucht und wie man damit leben kann
Machlowitz, Marilyn
158 Seiten, Paperback
ISBN 3-478-02440-4

Geheimnisse des langen Lebens
Mann, John A.
256 Seiten, Paperback
ISBN 3-478-02200-2

Mehr Glück durch Entspannung
Autogenes Training, Biofeedback, Yoga, Gruppendynamik, Psychodrama, Wachtraum, Meditation, Zen
Maurin, Robert
2. Auflage, 239 Seiten, Paperback
ISBN 3-478-02602-4

Warum ist der Himmel blau
Kinder fragen – Eltern antworten
Meyer, Imke und Michael
200 Seiten, Paperback
ISBN 3-478-02180-4

Nimm das Leben nicht zu ernst
Mikes, George
195 Seiten, Paperback
ISBN 3-478-02780-2

Gespräche selbstsicher und ebenbürtig führen
Der Weg zu vertrauensvollen Beziehungen in Partnerschaft, Familie und Beruf
Miller/Nunnally/Wackman/Saline
240 Seiten, Paperback
ISBN 3-478-02160-X

Sich selbst und andere besser verstehen
Miller/Nunnally/Wackman
2. Auflage, 136 Seiten, Paperback
ISBN 3-478-02842-6

Der Umgang mit sich und anderen
Praktische Hilfen
Müller, Jörg
3. Auflage, 151 Seiten, Paperback
ISBN 3-478-02763-2

Schöpferische Lebensmitte
Die Krise erkennen und in ihr reifen
Mummert, Ingo
140 Seiten, Paperback
ISBN 3-478-02730-6

Verstehen und Überzeugen
Techniken für einen erfolgreichen Dialog
Nirenberg, Jesse E.
2. Auflage, 196 Seiten, Paperback
ISBN 3-478-02672-5

Überzeugend und lebendig reden
So steigern Sie Ihre persönliche Ausstrahlungskraft
Nix, Udo M.
2. Auflage, 214 Seiten, Paperback
ISBN 3-478-02370-X

Denken und reich werden
O'Reilly, Robert
2. Auflage, 212 Seiten, Paperback
ISBN 3-478-02090-5

Der gesunde Schlaf
Wissenschaftler erhellen das geheimnisvolle Drittel unseres Lebens
Passouant/Rechniewski
236 Seiten, Paperback
ISBN 3-478-02910-4

Befreiung durch Körpertherapie
Mit neuen Körperenergien zu einem stabilen inneren und äußeren Gleichgewicht
Painter, Jack
136 Seiten, Paperback
ISBN 3-478-03140-0

Das Ja zum Leben
Der positive Mensch in unserer Zeit
Peale, Norman Vincent
2. Auflage, 224 Seiten, Paperback
ISBN 3-478-02470-6

Mach das Beste aus Dir selbst
Das neue Modell zur persönlichen und beruflichen Entfaltung
Qubein, Nido R.
255 Seiten, Paperback
ISBN 3-478-03030-7

So findet man den Partner für's Leben
Ratschläge für erfolgreiche Inseratgestaltung, erste Begegnungen, Partnerwahl, Eheanbahnungsinstitute, Selbstschutz vor Heiratsschwindlern, Adoptivkinder
Reinboth, Gudrun und Klaus
120 Seiten, Paperback
ISBN 3-478-02100-6

Freunde bereichern das Leben
Reisman, John M.
208 Seiten, Paperback
ISBN 3-478-02392-0

Werde Nr. 1
Ringer, Robert
5. Auflage, 256 Seiten, Paperback
ISBN 3-478-02515-X

Lachen macht gesund
Über die Heilkraft von Lachen und Fröhlichkeit – Mit einem Vorwort von Emil Steinberger
Rubinstein, Henri
180 Seiten, Paperback
ISBN 3-478-03130-3

Bewußter leben
Wie wir durch Körperübungen, gesunde Ernährung und Meditation zu einem neuen Lebensstil finden
Saltoon, Diana
176 Seiten, Paperback
ISBN 3-478-03020-X

Denk an Deine Seele
Schmidhauser, Hermann
3. Auflage, 208 Seiten, Paperback
ISBN 3-478-02693-8

Der Weg zur inneren Ruhe
Schuller, Robert H.
178 Seiten, Paperback
ISBN 3-478-03010-2

Gefühle erkennen und positiv beeinflussen
Schwartz, Dieter
2. Auflage, 261 Seiten, Paperback
ISBN 3-478-02012-3

100 unterhaltsame Denkspiele
Spielend denken lernen
Silverman, David L.
216 Seiten, Paperback
ISBN 3-478-02190-1

Es gibt immer einen Ausweg
Stevens, Peter H.
2. Auflage, 224 Seiten, Paperback
ISBN 3-478-02722-5

Der unfehlbare Weg zum Erfolg
Stone, Clement W.
4. Auflage, 242 Seiten, Paperback
ISBN 3-478-02774-8

832:12=69
112
11